www.ingramcontent.com/pod-product-compliance
Lightning Source LLC
LaVergne TN
LVHW081539070526
838199LV00056B/3713
9789659306510

פרפרים וציפורים מפסיפס
דוגמאות מקוריות בטכניקות וחומרים שונים

סיגלית עשת

פרפרים וציפורים מפסיפס
דוגמאות מקוריות בטכניקות וחומרים שונים
סיגלית עשת

צילום: אפרת טננבאום וסיגלית עשת
עיצוב: סיגלית עשת
עריכה: ורד קמינסקי
הפקה: "סיפור פשוט"

sigalit@sigalit.art
www.sigalit.art/he
פייסבוק: פסיפס עושים באהבה

ISBN: 978-965-93065-1-0

כל הזכויות שמורות לסיגלית עשת 2023 ©

אין להעתיק, לצלם, לסרוק, להקליט לפרסם או להפיץ ספר זה או חלקים ממנו, הטקסט, הצילומים או האיורים בשום צורה ואופן, אמצעי אלקטרוני כלשהו, אינטרנט או כל מדיה אחרת. השימוש המסחרי בכל סוג של תוכן בספר זה אסור בהחלט - ללא קבלת רשות בכתב מהמחברת. הקוראים רשאים להעתיק כל אחד מהפריטים/דוגמאות מתוך הספר לשימושם האישי בלבד.

הצהרת אחריות

כל פעילויות "עשה זאת בעצמך" כרוכות בסיכון, והבטיחות שלך היא באחריותך בלבד, כולל שימוש נכון בכלים ובציוד בטיחות.
יש להקפיד על הוראות בטיחות ושימוש נכון בכלים על מנת למנוע תאונות מיותרות.
חלק מהתמונות הממחישות את תהליך העבודה אינן כוללות אמצעי זהירות או ציוד בטיחות, וזאת על מנת להראות את תהליך הפרויקט בצורה ברורה יותר. כל הבוחר לעבוד ללא אמצעי זהירות עושה זאת על אחריותו בלבד.
עבודת הפסיפס כוללת חלקים קטנים, שברים ורסיסי קרמיקה וזכוכית. מחברת הספר אינה אחראית לכל נזק שיכול להיגרם כתוצאה משימוש לא נכון במכשירים או חוסר שימוש באמצעי בטיחות על מנת להגן על חלקי הגוף השונים.
מומלץ לא לעבוד על יד ילדים ולהרחיק את הציוד מילדים קטנים.

סיפור פשוט
הבית לסופרים עצמאיים
www.simplestory.co.il

2

תוכן עניינים:

הקדמה........ 5
כלי חיתוך לפסיפס........ 6
חיתוך קרמיקה........ 6
חיתוך זכוכית........ 7
כלי עבודה וציוד לפסיפס........ 8
ציוד בטיחות........ 8
הוראות בטיחות........ 9
חומרי עבודה........ 10
דבקים........ 12
טיפים לשימוש בדבקים........ 13
רוֹבָּה........ 14
איך לבחור את צבע הרוֹבָּה המתאים לעבודה?........ 15
פרוייקט: ציפור שחורה על רקע נוצות........ 16
חיתוך זכוכית בעזרת צבת גלגלים........ 21
אופן השימוש בצבת החיתוך........ 21
חיתוך פסים מקרמיקה........ 22
חיתוך פסים בעזרת צבת משולבת........ 22
פרוייקט: ציפור על מכסה של סיר........ 23
מריחת הרובה - שלב אחר שלב........ 27
פרוייקט: עציץ פרפרים........ 29
פרוייקט: פרפר על צלחת זכוכית........ 33
חיתוך זכוכית לפסים........ 36
חיתוך זכוכית לפסים לפי מידה........ 37
חיתוך זכוכית לצורות........ 37

3

פרוייקט: ינשופים תלויים	38
פרוייקט: ציפור על אדנית מעץ	42
פרוייקט: מנדלת תחרה עם פרפר	47
פרוייקט: פרפר על רשת	53
פרוייקט: תמונת חתול עם פרפרים	57
פרוייקט: ציפורי מים	62
חיתוך ספלים וכוסות בעזרת צבת גלגלים	70
חיתוך צלחת בעזרת צבת גלגלים	71
פרוייקט: ציפור תלת מימדית	72
דוגמאות נוספות של ציפורים	77
ציפורים המודבקות על עץ חתוך לפי מידה	77
תמונות קנבס המשלבות פסיפס עם צבע אקריליק	78
תמונות	79
סיכום	80

הקדמה

אמנות הפסיפס היא אמנות עתיקה, שהחלה לפני שנים רבות בעבודה עם אבן טבעית, אותה חתכו לחתיכות קטנות בצורה ידנית וחיברו לאחר מכן לכדי תמונה שלמה. עד היום מוצאים קירות או רצפות פסיפס בכל מיני מקומות בעולם, ונדהמים מהעושר הצבעוני או מהאופן בו הפסיפס נשמר.

כיום יש מגוון רחב של חומרים וככל שעובר הזמן המגוון גדל ולנו, היוצרים בפסיפס, זוהי שמחה אמיתית. אומנות הפסיפס מאפשרת לכל אחד ליצור פסיפס בדרך המתאימה לו - לחתוך קרמיקה, להדביק חלקים מוכנים, למחזר ולהשתמש בכוסות וצלחות חתוכות, לעבוד בזכוכית או לשלב חומרים שונים בעבודה אחת וממש לצייר בחומר.

שמי סיגלית עשת, אמנית פסיפס ותיקה היוצרת, מלמדת ומפיצה את אומנות הפסיפס בעולם כולו, באמצעות סדנאות וספרים, אשר מנגישים את האומנות לכל אדם החפץ ליצור פסיפס ולא יודע כיצד להתחיל.

כמי שעוסקת באמנות הפסיפס כבר שנים רבות, אני מודה כי התאהבתי באמנות זו בשל הצבעוניות, מגוון החומרים הרב, הטכניקות השונות והאפשרות לחדש, להמציא, לעצב ולעבוד בצורה יצירתית וטכנית יחד. כחובבת פאזלים לשעבר, אני מוצאת שגם הפסיפס מספק שעות רבות של רגיעה, יצירתיות ויכולת לעוף עם הדמיון.

האמרה "מכל מלמדי השכלתי", נכונה מאוד עבורי. אני שמחה לומר כי אני לומדת מכל פרויקט ומכל תלמיד ונהנית מאד לאמץ את ה"טיפים" הקטנים, העוזרים בתהליך עבודת הפסיפס ומפתחים אותו. זאת תוך יצירת עיצובים חדשים, אותם אני משתפת בשמחה עם קהל תלמידי וקוראי. אני מתרגשת בכל פעם מחדש לזהות ברחבי הרשת פסיפסים שעיצבתי, אשר היוו השראה לתלמידים מכל רחבי העולם!

קצת עלי: אני מתגוררת ביישוב קטן, מוקף עצים ודשאים. רוב השנה מתעוררת לקול ציוץ הציפורים ושמתי לב שלאורך השנים יצרתי רבות מהן. זו הסיבה שהחלטתי הפעם להקדיש את ספרי זה לציפורים האהובות, ולפרפרים המלווים אותן ולהפיק ספר פסיפס ייחודי בנושא.

בספר תוכלו למצוא דוגמאות רבות לעבודות פסיפס של ציפורים ופרפרים ובכללן ציפורי מים וציפורים אחרות; ינשופים; פרפרים מסוגים שונים; עבודות בתלת ממד; שימוש בזכוכית וקרמיקה; שילוב חומרים; תמונות לבית או פסיפס שמודבק על קירות. הפרויקטים מלווים בתמונות המסבירות צעד אחר צעד כיצד ליצור, יחד עם דוגמה הניתנת להדפסה (יש להוריד את הקובץ הנמצא בסוף הספר). תמיד ניתן לשנות צבעים או להחליף חומרים, לפי העדפה אישית או בהתאם לחומרים הקיימים ברשותכם, וכמובן ליצור לפי השראה מהסובב אתכם.

זהו ספר הפסיפס העשירי בסדרה הייחודית, אני מקווה שתיהנו ממנו כמו מהאחרים שקדמו לו, ותקבלו רעיונות חדשים ליצירת הפסיפס הבאה שלכם.

מובטחת חוויה צבעונית ומהנה!

סיגלית

כלי חיתוך לפסיפס

כלים שונים משמשים לעבודת הפסיפס, לפיכך מומלץ להצטייד תחילה בכלים הבסיסיים. יש לציין כבר בהתחלה, כי לכל חומר בו תשתמשו יתכן שיתאים כלי אחר. זיכרו כי שימוש בכלי הנכון יכול להקל מאד על העבודה ולעזור לדייק בחיתוך החלקים. קיימים היום סוגים שונים של קאטרים לחיתוך אריחים במחירים שונים. ההבדל ביניהם הוא בעיקר בחוזק המכשיר ובצורת החיתוך. שימו לב גם לידיות, חשוב שתהיינה נוחות לאחיזה.
מאחר ובספר זה מוצע שימוש בחומרים מגוונים, אני ממליצה כי יהיה ברשותכם לפחות כלי אחד מכל סוג, בעיקר כלי לחיתוך זכוכית וקרמיקה. כמובן שתוכלו ליצור את הדוגמאות המוצעות מכל חומר שתבחרו.
בהמשך תמצאו הוראות מפורטות כיצד עובדים עם כל מכשיר.

חיתוך קרמיקה

צבת (1) - לחיתוך ושיוף של אריחי קרמיקה, ניתן להשיג בחנויות לחומרי בניין ובחנויות לחומרי יצירה. כלי בסיסי לכל עבודת פסיפס.
צבת מכפיל כח (2) - לחיתוך אריחי קרמיקה וגרניט פורצלן. הצבת הזו חזקה כפליים מהצבת הרגילה. אפשר לרכוש אותה בחנויות המתמחות או דרך האינטרנט. אני מאד אוהבת להשתמש בכלי הזה, הוא חזק מאד והאריחים נחתכים בעזרתו בקלות.

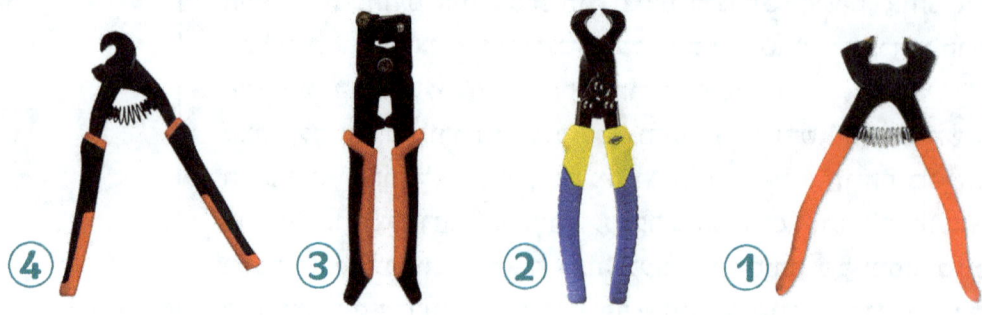

מכשיר משולב (3) - טכניקה שנלקחה מחיתוך לוחות זכוכית. בעזרת הצבת הזו חורצים תחילה את האריח ואז חותכים. תחליף פשוט למכונת חיתוך או לחיתוכים מעוגלים.
צבת תוכי (4) - מיועד לכרסום שקעים באריח, כשרוצים ליצור צורות מעוגלות ושקועות כמו לבבות.

מכונת חיתוך לאריחי קרמיקה - לחיתוך נוח של אריחי קרמיקה לפסים ישרים בעוביים שונים. יש מכונות בגדלים וסוגים שונים, פשוטות ומתוחכמות יותר. כלי זה אינו הכרחי למי שמתחיל ליצור פסיפס, אבל יכול לעזור בפרוייקטים שונים.

פטיש - לחיתוך קרמיקה עבה או כשרוצים חלקים בצורות אקראיות. כשחותכים בפטיש יש לעטוף את הקרמיקה במגבת ישנה ולהניח מתחת קרש עבה או משטח מתכת. כך נשמור שלא יתפזרו חתיכות קטנות של קרמיקה ויגיעו למקומות לא רצויים.

חיתוך זכוכית

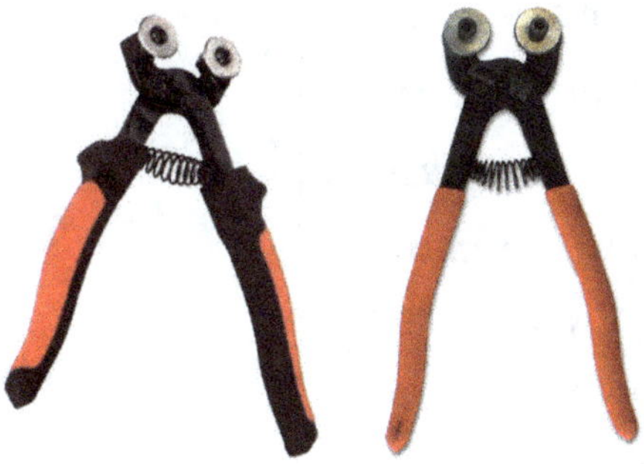

צבת גלגלים ("צקצק") - לחיתוך של זכוכית מכל סוג - משטחים או ריבועים, וכן לחיתוך צלחות וכוסות. ניתן להשיג בחנויות לציוד זכוכית.

אם רוצים לשלב בעבודת הפסיפס זכוכית ממשטח גדול שחותכים, יש צורך בכמה כלים נוספים המשמשים לחיתוך זכוכית (גם בטכניקת הויטראז'). אני אוהבת להשתמש בזכוכיות כאלה מכיוון שהצבעים שלהם זוהרים ויפים. הן קיימות במגוון רחב מאד של צבעים. יש גם מקומות שמוכרים פסים חתוכים של זכוכית היכולים להקל לפעמים על החיתוך.

חותך זכוכית - לחיתוך קוים ישרים או צורות מיוחדות. ישנם מספר סוגים של חותכי זכוכית, בצורות ומחירים שונים. אני ממליצה לנסות ולהחליט איזה כלי מתאים לעבודה. לכל חותכי הזכוכית יש גלגל חיתוך קטן בקצה, ההבדל ביניהם הוא בעיקר בידית האחיזה. למשל:

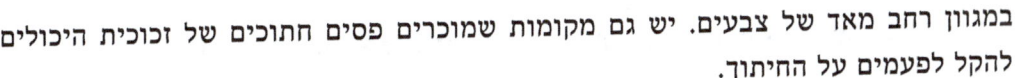

חותך זכוכית עם ידית פלסטיק עבה

חותך זכוכית עם ידית ישרה

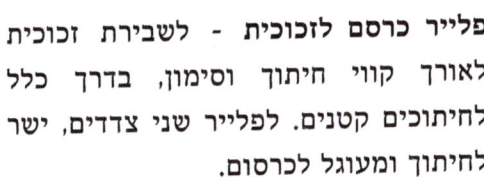

פלייר שובר זכוכית - לחיתוך פלטת זכוכית אחרי סימונה בעזרת סכין הזכוכית.

פלייר כרסם לזכוכית - לשבירת זכוכית לאורך קווי חיתוך וסימון, בדרך כלל לחיתוכים קטנים. לפלייר שני צדדים, ישר לחיתוך ומעוגל לכרסום.

כלי עבודה וציוד לפסיפס

כלי העבודה הנוספים לפסיפס אינם יקרים וניתן להשיגם בקלות:

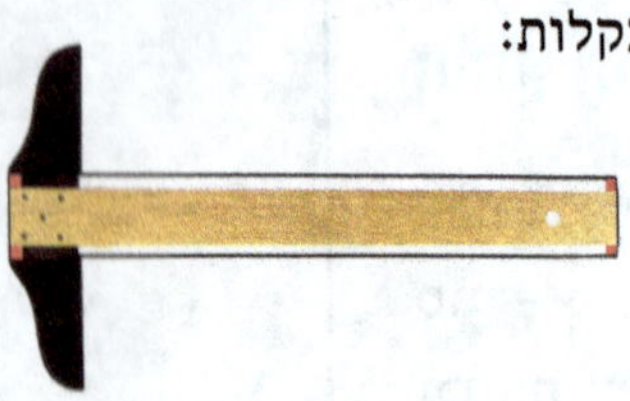

עפרון - לשרטוט הדגם הרצוי על מצע העבודה.

סרגל T - לעזרה בחיתוך משטחי זכוכית לחלקים ישרים.

סרגל - לסימון קוים ישרים.

פינצטה - להנחת חלקים קטנים.

טוש סימון - טוש מיוחד לסימון צורות על זכוכית או קרמיקה לפני חיתוך. רצוי שיהיה אחד בצבע שחור ואחד לבן או זהב, לסימון חלקים כהים.

כפפות לטקס - להגנה על הידים משריטות ולכלוך.

כפפות גומי - לובשים לפני העבודה עם הרובה.

נייר קופי - להעתיק דוגמאות מדף נייר למצע העבודה.

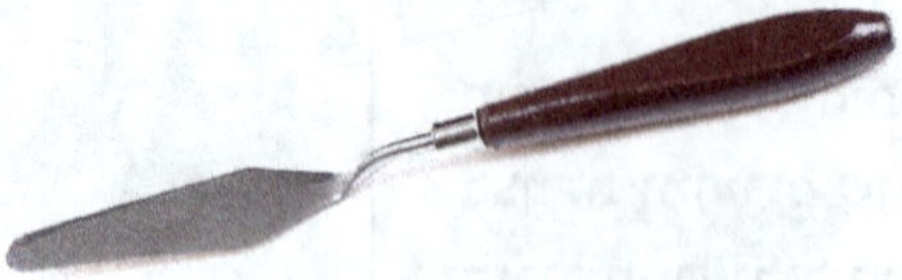

מברג דק - לנקות שאריות דבק אריחים.

מכחול - להדבקת החלקים בדבק.

ספטולה - למריחת דבק אריחים.
זהו כלי שמשמש בדרך כלל ציירים, אבל יעיל מאד במריחת דבק אריחים.

מברשת קטנה - לניקוי משטח העבודה מאבק ומחלקיקים קטנים.

ציוד בטיחות

משקפי בטיחות מפלסטיק - כדי להגן על העיניים מחלקים קטנים. מומלץ להרכיב כשחותכים קרמיקה או זכוכית.

מסכת אבק - מומלץ לעטות כשמערבבים את הרובה.

8

הוראות בטיחות

בטיחות היא נושא חשוב ביותר בעת הכנת פסיפס. חלקי זכוכית וקרמיקה הם חדים, חתיכות קטנות עלולות לפגוע בכם, לכן חשוב להיזהר!

1. יש לנעול תמיד נעליים סגורות. אין ללכת יחפים על רצפת חדר העבודה. עלולים להיות שם שברים קטנים.
2. יש להרכיב משקפי בטיחות וללבוש כפפות בעת חיתוך משטחי זכוכית.
3. כדאי להשתמש במברשת קטנה כדי לנקות את משטח העבודה. בשום אופן אין לנקות את השברים הקטנים בידיים!
4. עדיף להשתמש בשואב אבק מאשר במטאטא לניקוי שברי הקרמיקה והזכוכית.
5. יש להרחיק ילדים צעירים ובעלי חיים ממקום העבודה.
6. מומלץ לשמור פלסטרים בקרבת מקום.

חומרי עבודה

רשימת החומרים לשימוש בעבודות הפסיפס יכולה להיות מאד ארוכה, וזה מה שאני כל כך אוהבת - אפשר וכדאי לשלב חומרים מסוגים שונים, תלוי כמובן בסוג העבודה אותה בוחרים ליצור. יש חומרים עדינים המתאימים אך ורק לעבודות שיוצבו בתוך הבית, ויש כאלה שיחזיקו מעמד בחוץ למשך שנים ארוכות. יש חומרים שצריך לחתוך ויש כאלה המגיעים כבר מוכנים ונותר לנו רק לעצב ולהדביק.

בספר שלפניכם, תמצאו עבודות מגוונות אותן ניתן ליצור תוך שימוש בשילובי חומרים. אני מציעה להתנסות ולבחור לעצמכם את אלו עימם תרצו לעבוד. בעבודות המיועדות לחוץ, כדאי להימנע משימוש בחלקי פלסטיק העלולים לדהות בשמש או להתקלף. בנוסף יש לשים לב איזה טיפול דרוש לחומר איתו עובדים ומהו הדבק המתאים לעבודה. למשל כשעובדים עם אבן טבעית, יש למרוח סילר עם סיום העבודה, כדי להדגיש את הצבעים הטבעיים של האבן. חומרים אחרים אינם מגיבים היטב לרובה הנמרחת עליהם וכדאי להימנע מהם.

ברשימה המוצגת להלן, תמצאו חומרים המתאימים לעבודת הפסיפס, אבל אפשר כמובן לנסות ולשלב כל חומר הנראה לכם לנכון או כל דבר מיוחד שתמצאו:

אריחי קרמיקה צבעוניים - קיימים בצורות, בגדלים ובעוביים שונים.

אריחי זכוכית - ניתן למוצאם בריבועים בגודל אחיד ובצבעים רבים. יש להם צד אחד שטוח וחלק (שצריך לפנות כלפי מעלה), וצד מחוספס (עליו מורחים דבק).

משטחי זכוכית - ניתן להשיג בשלל צבעים ומרקמים. אפשר לחתוך אותם בצבת גלגלים או בחותך זכוכית.

אריחי קרמיקה מרובעים - זמינים בצבעים, בטקסטורות ובצורות רבות. נמצאים על רשת ריבועית או בתפזורת.

אריחי פסיפס זכוכית - אריחי זכוכית מרובעים ניתן להשיג במגוון גדלים וצבעים. הזכוכית יכולה להיות מבריקה או גרגירית, צלולה או אטומה, אחידה או מעורבת. מידות האריחים 0.5- 2 ס"מ, ואפשר לקנות גיליונות של אריחים מודבקים על רשת או לפי משקל.

צלחות וספלים צבעוניים - בעזרת אמצעי בטיחות נאותים, ניתן לשבור ולהשתמש לעבודת הפסיפס. לכלים טקסטורה מיוחדת, צבעים ודוגמאות שלא ניתן למצוא בחומרים אחרים.

חפצים שימושיים - צדפים, חרוזי זכוכית, כפתורים, נאגטס (כפתורי זכוכית שטוחים למחצה), שרשראות או סיכות. כדאי להשתמש בהם כדי להעשיר את הפסיפס שיצרתם.

מראות - יכולות להוסיף מגע זוהר ויפהפה לכל יצירת פסיפס.

פימו - ניתן ליצור בעצמכם פרחי פימו או לקנותם. הם מוסיפים הרבה לעבודת הפסיפס.

חרוזים - אני אוהבת לשלב בפסיפס חרוזים מסוגים שונים: חרוזי זכוכית או פלסטיק, עגולים או מרובעים, קטנים מאד או גדולים.

סמאלטי - גושי זכוכית בצבעים מרהיבים. זהו חומר יקר יחסית, בדרך כלל הוא מיועד לשימושים מתקדמים יותר של הפסיפס.

דבקים

יש להשתמש בדבק בצורה הנכונה ולקרוא תמיד את הוראות היצרן. מומלץ לכל אחד להשתמש בדבק הנוח ביותר לעבודה עבורו.

חשוב מאוד להתאים את הדבק למצע העבודה. למשל, כשמדביקים על משטח עץ משתמשים בדבק פלסטי לבן. דבק זה מתאים ליצירות פסיפס שלא יהיו במגע עם רטיבות, לחות או בחשיפה לאור שמש ישיר, כלומר עבודות שיונחו במקום מוגן. דבק מסוג זה משמש גם כדבק זמני להדבקה על רשת.

אם בסיס העבודה הוא מתכת, בטון או קרמיקה, או בחרנו ליצור פסיפס שיישאר בחוץ, כדאי להשתמש בדבק אריחים - כך העבודה יכולה להישאר בכל תנאי מזג האוויר ללא בעיה.

קיימים סוגים רבים של דבקים, אפרט כאן את הדבקים שיהיו בשימוש בספר זה:

דבק אריחים - משמש להדבקת אריחי קרמיקה על מתכת, על חימר או על כל משטח שמיועד לעמוד מחוץ לבית, חשוף לגשם ולשמש. לדבק זה צורת אבקה, אותה צריך לערבב עם מים (בכל פעם מכינים את הכמות הרצויה) או שנמצא אותו בקופסה מוכנה (למשל שרמיק). לאחר שהוא מתייבש, הדבק הופך להיות קשה כמו אבן - לכן צריך לעבוד בכל פעם עם כמות קטנה.

דבק זכוכית - דבק חזק המיועד להדבקה על משטחי זכוכית (למשל E6000).

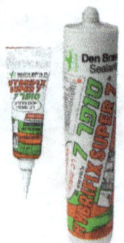

דבק סיליקון - ארוז בשפופרת ומיועד להדבקת משטחים קטנים יחסית. שימושי להדבקת אריחים לקיר כשרוצים הדבקה מהירה וחזקה. יש לבחור דבק להדבקה ולא לאיטום (למשל סופר 7).

דבק פלסטי לבן - משמש להדבקה על משטחי עץ, לעבודות שמיועדות לפנים הבית בלבד.

דבק נגרים - משמש כדבק זמני להדבקה על רשת, לפני שהעבודה תודבק אל המשטח בעזרת דבק אריחים.

טיפים לשימוש בדבקים

כל דבק מגיע עם הוראות שימוש המתאימות לו. עם זאת, קיימות מספר אפשרויות שימוש ואפשר לבחור בכל פעם את הדרך המתאימה לנו, לפי הפירוט הבא.

דבק אריחים:

1. בתהליך יצירת הפסיפס מומלץ להעביר מעט דבק לכלי קטן ובכל פעם שנגמר להוסיף עוד מכיוון שהדבק מתייבש מהר.
2. מומלץ למצוא תחילה את המקום המדוייק בו תונח האבן בה בוחרים ורק אז למרוח דבק על צידה השני ולהדביקה במקומה. כך מגיעים לדיוק מקסימלי ושומרים על רווחים קטנים בין האבנים.
3. כשעובדים על שטח גדול או על פס ישר, אפשר למרוח דבק על השטח ועליו להניח את האבנים, אחת אחרי השניה.
4. שימוש בספטולה - אפשר למרוח את הדבק בעזרת מקלון עץ, אבל נוח יותר להשתמש בספטולה (שמשמשת ציירים) בעלת ראש צר.
5. שקית זילוף - אחד הפטנטים הנחמדים הוא שימוש בשקית זילוף למריחת הדבק, כדי לשמור על עבודה נקיה. נסו ותתמכרו.

- לוקחים שקית זילוף שקופה של עוגות.
- מקפלים את השוליים כלפי חוץ וממלאים בדבק.
- מיישרים חזרה את שולי השקית וסוגרים בעזרת צמדן.
- גוזרים את קצה השקית ושומרים על חור קטן.
- "מזלפים" את הדבק במקום המתאים.
- לאחר השימוש אפשר לשמור את השקית בקופסה סגורה. גם אם קצה השקית מתייבש, הדבק בתוכה נשאר טרי ואפשר פשוט להסיר את החלק היבש לפני השימוש.

דבק פלסטי

1. בתהליך יצירת הפסיפס מומלץ לשים מעט דבק בכלי קטן כדי שלא יתייבש.
2. בדרך כלל נוח להשתמש בדבק זה בעזרת מכחול.
3. אפשרות נוספת - לשים דבק בבקבוק עם פיה דקה ולמרוח ישר מתוכו.
4. כשרוצים לדייק, עדיף למצוא את המקום המתאים לאבן שמחזיקים ורק אז למרוח דבק על צידה השני ולהדביקה במקומה.
5. כשעובדים על שטח גדול או על פס ישר, אפשר למרוח דבק על השטח ועליו להניח את האבנים, אחת אחרי השנייה.

רוֹבָּה

הרוֹבָּה היא אבקה צבעונית, אותה מערבבים עם מים והיא משמשת למילוי הרווחים בין האריחים - בדרך כלל אריחי רצפה וקירות. בעבודת הפסיפס הרובה משמשת כגימור, למילוי הרווחים בין האריחים החתוכים. בנוסף לכך היא מחזקת את העבודה ומאחדת את כל החלקים ליצירה אחת שלמה. הרובה ממתנת את הפרשי הגבהים בין האריחים החתוכים ומחליקה את יצירת הפסיפס.

ניתן למצוא את הרובה בצבעים שונים. אפשר לגוון בצבעי אקריליק או בפיגמנטים של צבע, וזאת בתנאי שהעבודה הסופית לא נחשפת לשמש או למים. את הרובה עצמה חשוב לערבב לפי הוראות היצרן.

יש מקרים בהם כדאי לוותר על הרובה, למשל אם מדביקים חומרים בעלי שטח פנים מחוספס כמו סמאלטי או קישוטים שונים.

העבודה עם הרובה עלולה להיות מלכלכת מאד, לכן חשוב ללבוש בגדים מתאימים, לצפות את משטח העבודה בעיתון ולעטות כפפות. כדאי לפנות זמן בשעה שמתחילים את מריחת הרובה, מכיוון שאי אפשר להפסיק באמצע - הרובה תתייבש ויהיה קשה מאד לנקות בשלב מאוחר.

לפני מריחת הרובה יש להכין:

כלי פלסטיק - להכנת תערובת הרובה.

מקלות ערבוב מעץ - לערבוב הרובה עם המים.

כפפות לטקס - להגנה על הידיים.

מגב קטן או מרית (לקקן למריחת קרם לעוגה) - לגריפה ולמריחה של הרובה במשטחים ישרים.

ספוג או סמרטוטי כותנה - לניקוי הרובה.

עיתונים ישנים - אותם שמים מתחת לעבודה כדי לשמור על משטח עבודה נקי.

מים - להכנת הרובה ולנקיון העבודה.

איך לבחור את צבע הרוֹבָּה המתאים לעבודה?

צבע הרובה שייבחר משמעותי מאד למראה הסופי של העבודה. למעשה, אם עושים את אותה העבודה פעמיים ובכל פעם משתמשים לגימור בצבע אחר של רובה, הפסיפס ייראה אחרת לגמרי. בדרך כלל אי אפשר לתקן את הרובה לאחר ייבושה, מכיוון שהרובה החדשה לא תיתפס בצורה מלאה ויכולים להיווצר גוונים.

השיקול בבחירת צבע הרובה הוא להחליט מה רוצים להדגיש - את הצורה או את הרקע? את החומר והצבעים? או אולי רוצים לקבל עבודה הרמונית?

הנה כמה טיפים שיעזרו בבחירת הצבע המתאים לעבודה:

1. אם יש לכם פסיפס המורכב מנושא מרכזי ורקע, חשוב שהרקע ישתלב ולא יתחרה בעבודה עצמה. מומלץ לחשוב אם צבע בהיר או דווקא כהה יבליט את הפסיפס המרכזי, ומה יקרה לרקע. לפעמים כדאי לבחור צבע הקרוב לצבע הרקע, כדי שיתאחד עימו בצורה הרמונית.

2. אם לא בטוחים מהו צבע הרובה הנכון - אפור תמיד יתאים. זהו צבע נייטרלי ומתאים בכל המקרים. יש לזכור שצבע הרובה הסופי מעט בהיר יותר ממראהו הרטוב.

3. לעבודת פסיפס עם זכוכית צבעונית, תתאים בדרך כלל רובה כהה כמו שחור או אפור כהה. היא מדגישה ומחזקת את צבעי הזכוכית.

4. לפעמים כדאי להתייחס לרובה כאל צבע נוסף בעבודה, המוסיף מימד חדש. במקרה זה נרצה להשתמש ברובה צבעונית שתשתלב בפסיפס אבל לא תשתלט עליו.

5. רצוי לא להשתמש ברובה לבנה - היא מדגישה את אי הדיוקים בעבודה. משתמשים בה כשרוצים להדגיש אובייקט לבן או בעבודה בה הפסיפס המודבק צפוף מאד והרקע לבן.

6. לפעמים כשמדביקים עם דבק אריחים, קשה לנקות את העבודה וחלקים מהדבק ממלאים את הרווחים שבין האריחים. במקרה כזה רובה בצבע הדבק (בדרך כלל קרם) תתאים.

7. כשעובדים עם דבק אריחים ויודעים מראש שצבע הרובה יהיה שונה מצבע הדבק, אפשר להוסיף לדבק קצת צבע אקריליק בצבע הרובה. (ראו דוגמה בעמוד 72).

8. אפשר לשפוך מעט אבקת רובה, למרווחים שבין התזרות באחת מפינות העבודה ולראות איך הצבע מתקבל.

פרוייקט:
ציפור שחורה על רקע נוצות

בתמונה זו לדוגמה, רציתי לשלב ציפור ונוצות גם יחד. ההשראה לתמונה זו הגיעה מהציפורים השחורות בעלות המקור הצהוב (מיינות), אותן אני רואה יום יום בגינה.

יש עבודות בהן מפרידים בין הרקע לאובייקט, וכאן היה לי חשוב שגם האובייקט וגם הרקע יהיו נוכחים באותה המידה, לכן סביב הציפור הנחתי נוצות צבעוניות, היוצרות הרמוניה וקשת של צבעים.

חומרים:

- רשת פיברגלס חתוכה למלבן בגודל הרצוי
- ניילון חתוך, מעט יותר גדול מהרשת
- שדכן סיכות
- קרמיקה בגוונים של שחור, אדום, ורוד, כתום, צהוב, ירוק בהיר, ירוק כהה, כחול, סגול, תכלת ולבן
- ריבועים אפורים קטנים
- עיגול צהוב לעין
- צבת לחיתוך קרמיקה
- מכחול

- פינצטה
- דבק פלסטי או דבק נגרים
- מספריים
- קערה קטנה לדבק
- דבק אריחים
- שפכטל קטן למריחת הדבק
- מברג דק או קיסם לניקוי עודפי הדבק
- רובה בגוון אפור כהה
- ציוד לרובה: קערה, מים, מקלון ערבוב, מרית, סמרטוטים, עיתונים וכפפות.

דוגמת הציפור:
יש להגדיל בהתאם לצורך

1 מדפיסים את דוגמת הציפור ומסמנים על הדף את סדר צבעי הנוצות הרצוי. גוזרים רשת וניילון בגודל המתאים. משדכים בעזרת שדכן סיכות את שלושת החלקים בסדר הבא: תמונת הציפור, מעליה ניילון ועליו רשת.
מכינים בכלי קטן דבק נגרים ומכחול. (ראו טיפ לעבודה עם דבק נגרים בהמשך).

2 חותכים פסים צרים של קרמיקה שחורה (ראו הסבר בהמשך) ומדביקים על הרשת בצורה צפופה לרוחב הכנף. חשוב לשמור על כיוון ההדבקה. כדי להדגיש את הכנף ולהפרידה מגוף הציפור, מדביקים בקצה שורה של ריבועים מקרמיקה צהובה. מוסיפים עין צהובה ומקור בצורת משולש אדום.

3 מדביקים את הפסים השחורים שחתכתם גם על גוף הציפור, הפעם בכיוון אחר - לאורך, כדי ליצור בידול.

4 חותכים ריבועים אפורים לשניים ומדביקים פסי קונטור דקים היוצרים את מרכז הנוצות. במידה ואלו הם ריבועי זכוכית (כמו בתמונה) רצוי לחתוך אותם בעזרת צבת גלגלים.

5 חיתוך הנוצות: כדי לקבל את צורת הנוצות יש לחתוך קודם כל קרמיקה לפסים ארוכים. כל פס חותכים בעזרת הצבת באלכסון, כדי לקבל חיתוך אלכסוני בקצה, שיתאים לצורת הנוצות.

6 כדי להקל על העבודה, מומלץ לחתוך את חלקי הנוצות מראש, ואפשר להשתמש בצלחת מחולקת כדי לשמור כל צבע בנפרד.

17

7 זנב הציפור: מדביקים פסים שחורים לאורך הזנב כדי ליצור המשכיות עם גוף הציפור. חותכים גם משולשים שיעזרו לתת לזנב את מראה הנוצה לפי הציור.

8 כל הנוצות מודבקות באותו הסגנון ובאותה הדרך. מתחילים מהנוצה הירוקה. מדביקים חלקים ירוקים משני צידי הפס האפור, תוך שמירה על כיוון אלכסוני של הנוצה.

9 באותה צורה מדביקים את שאר הנוצות, אחת אחרי השנייה. חשוב לשמור על מסגרת ישרה לתמונה.

10 חותכים קרמיקה לבנה לחתיכות קטנות ומשלימים את הרקע.

11 ממתינים מספר ימים לייבוש, מפרידים את הרשת מהניילון וגוזרים אותה כמה שיותר צמוד לפסיפס.

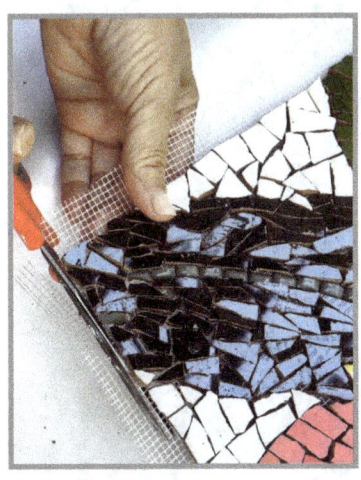

12 עוטים כפפות על הידיים. בעזרת שפכטל מורחים דבק אריחים על צידה האחורי של העבודה. כמות הדבק - תלוי עד כמה חלק הקיר עליו יודבק הפסיפס.

13 מצמידים את תמונת הציפור אל הקיר ומהדקים בחוזקה. אפשר להכות בעדינות בעזרת הידיים או פטיש עץ להצמדה מלאה של החלקים. מוציאים את שאריות הדבק שבולטות בעזרת מברג דק לפני שהעבודה מתייבשת.

14 ממתינים לייבוש לפחות 24 שעות. מכינים רובה בגוון אפור כהה ומורחים בעזרת לקקן ישירות על הקיר. מנקים ומבריקים בעזרת ספוג או סמרטוטים רטובים. (ראו הסבר מפורט בעמוד 27).

טיפ: עבודה עם דבק נגרים

יש שתי צורות לעבודה עם דבק זה: האחת למרוח אותו ישירות על הרשת והשנייה למרוח על החלק המיועד להדבקה. כשמדובר בחלקים קטנים כמו עין או מקור, נוח יותר למרוח את הדבק על החלק עצמו. כשמדביקים פס צבעוני או שטח צבע, עדיף למרוח דבק ישירות על הרשת. הדבק מתייבש מהר ולכן יש למרוח שטח קטן בכל פעם.

חיתוך זכוכית בעזרת צבת גלגלים

חשוב! לפני תחילת החיתוך, יש להרכיב משקפי מגן כדי למנוע מחלקי זכוכית לפגוע בעיניים.
אוחזים את הצבת ביד המובילה כשגלגליה מופנים אל הזכוכית.
ביד השנייה אוחזים את הזכוכית.
שמים את הזכוכית בין הגלגלים וחותכים. הצורה שתתקבל תלויה בכיוון החזקת הזכוכית.
כשחותכים בעזרת הצבת, יש לקחת בחשבון שהחיתוך לא יהיה ישר כפי שחותכים בעזרת סרגל. יתקבלו צורות מעט מעוגלות.
כדי לחתוך קוים ישרים (יחסית) חשוב להחזיק את הצבת בזווית ישרה לזכוכית.

כדי לחתוך צורת משולש יש להחזיק את הצבת בזווית אלכסונית ולחתוך לקבלת הצורה הרצויה.

טיפ: כשחותכים זכוכית, חתיכות קטנות עלולות לעוף לכיוונים שונים. מומלץ לחתוך לתוך כלי רחב בעל דפנות גבוהות (אפשר קופסת פלסטיק). כדאי להשתמש בכפפות בעת החיתוך כדי להימנע משריטות ומחתכים.

אופן השימוש בצבת לחיתוך קרמיקה

לפני החיתוך מומלץ להרכיב משקפי בטיחות, כדי להגן על העיניים מפני שברים קטנים.

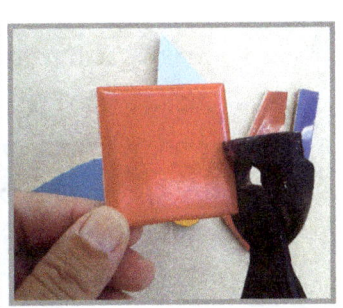

1 אוחזים בצבת ביד הדומיננטית בחלקה התחתון של הידית. ביד השנייה מחזיקים את אריח הקרמיקה. כיוון האחיזה של הצבת - הצד המעוגל פונה לכיוון הקרמיקה.

2 מחזיקים את אריח הקרמיקה כשהחותך נמצא בכיוון ישר או אלכסוני - לפי סוג החיתוך הרצוי, ולוחצים עד לשמיעת "קליק".

3 אם רוצים לחתוך פינה קטנה של האריח או לכרסם אותו בעדינות, תופסים את המקום המיועד לחיתוך עם חלקה הרחב ביותר של הצבת ולוחצים עד לחיתוך.

חיתוך פסים מקרמיקה

את הפסים מאריח הקרמיקה אפשר לחתוך בשתי דרכים:
1. שימוש במכונת חיתוך - קובעים את רוחב הפס הרצוי וחותכים את כל האריחים לפסים באותו הרוחב.
2. שימוש בצבת משולבת.

חיתוך פסים בעזרת צבת משולבת

מכשיר זה משלב שני מכשירים המשמשים בחיתוך הזכוכית: סכין שחורץ את האריח ופלייר ששובר אותו לשניים. אם התנסיתם בחיתוך זכוכית, הטכניקה כבר ידועה לכם.

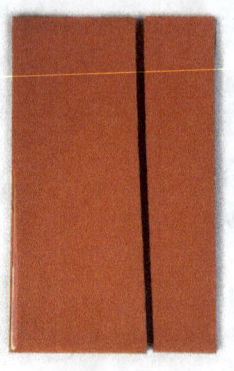 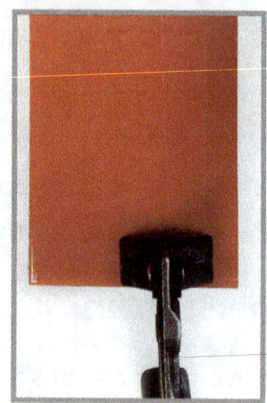 

1 מניחים את גלגלת הצבת בחלקו התחתון של האריח וחורצים מלמטה למעלה. מומלץ ללחוץ על הצבת ולייצב את היד לקבלת חריץ ישר.

2 מניחים את האריח בין שני חלקי הצבת, בדיוק במרכז החריץ ומקליקים.

3 האריח יישבר לשניים לאורך החריץ.

4 לאחר מכן אפשר לחתוך את הפסים בעזרת צבת קרמיקה למלבנים קטנים. מומלץ להכין כמות גדולה של מלבנים כאלה מראש.

פרוייקט: **ציפור על מכסה של סיר**

אחד הדברים שאני אוהבת ביצירת הפסיפס הוא רעיון המחזור. בעצם, כל יצירה של פסיפס היא חיבור ושילוב בין חומרים ממוחזרים היוצרים יצירה חדשה. אפשר ומומלץ להשתמש בכלים שיצאו מכלל שימוש בתור מצע לפסיפס וליצור עבודות נהדרות.

ציפור זו נוצרה על מכסה של סיר ממתכת. זהו בסיס מעולה לפסיפס מכיוון שהוא עמיד להצבה בחצר, בכל מזג אויר ולא צריך להוסיף לו מתלה, יש רק להסיר את הידית ומתקבל משטח עגול שרק מחכה לקבל מראה חדש.

אפשר להשתמש במגוון של חומרים ולהתייחס למכסה כאל תמונה, כלומר ניתן לערבב חומרים בגדלים ועוביים שונים. כאן השתמשתי בריבועי זכוכית מוכנים, חלקם נשארו שלמים וחלקם חתוכים, וגם בלוחות זכוכית, מהם חתכתי את הצורות המבוקשות. בנוסף נבחרה סקלה צבעונית ייחודית.

חומרים:

- מכסה סיר ממתכת
- ריבועי זכוכית בגודל 1 ס"מ בגוונים שונים: כחול, תכלת, אדום, כתום, שחור, חום, קרם
- ריבועי זכוכית שחורים בגודל 0.5 ס"מ
- זכוכית בגוון לבן-ורוד לרקע
- חרוז בצורת עין
- ריבועי זכוכית או פלטת זכוכית בגווני אדום וכחול
- זכוכית אפורה לזנב
- צבת גלגלים
- דבק אריחים
- קיסם או מברג דק
- כלי לדבק
- מקל עץ או ספטולה
- רובה בגוון קרם
- **ציוד לרובה:** קערה, מים, מקלון ערבוב, מרית, סמרטוטים, עיתונים וכפפות.

1 מסירים את ידית המכסה (לרוב מחוברת בעזרת בורג).

2 מדפיסים את הדוגמה בגודל הרצוי ומעתיקים את הציפור אל המכסה. מכיוון שלא נוכל להשתמש בנייר העתקה, אפשר לעשות זאת בשיטה הבאה:
- גוזרים את העיגול עם ציור הציפור.
- הופכים את הנייר עם הדוגמה המודפסת לצידו השני.
- צובעים את קווי המתאר של הציור בעזרת צבע פנדה חזק. צבע זה ישמש כתחליף לנייר העתקה.
- הופכים את הנייר וממקמים אותו במקומו על מכסה המתכת. מומלץ להדביק את הקצוות כדי שהנייר לא יזוז.
- בעזרת עיפרון עוברים בלחיצה על כל קווי המתאר כדי להעתיק אל המשטח את הדוגמה.

3 בעזרת טוש לא מחיק, עוברים על קווי המתאר של הדוגמה על המכסה.

4 זנב הציפור: מעתיקים את הדוגמה אל זכוכית אפורה, וחותכים כל צורה בעזרת סכין לחיתוך זכוכית, (ראו הסבר על חיתוך צורות מזכוכית בעמוד 37).

5 מדביקים את חלקי הזנב במקומם בעזרת דבק אריחים ומנקים את שאריות הדבק מסביב, בעזרת קיסם או מברג דק.

6 כנף הציפור: חותכים זכוכית כחולה או מגוונת בעזרת צבת גלגלים לחתיכות שונות, ומדביקים בצורה צפופה, (ראו הסבר על חיתוך בעזרת צבת גלגלים בהמשך). מדביקים גם את העין במקומה.

7 חותכים ריבועי זכוכית לפסים דקים בעזרת צבת גלגלים, כדי ליצור את גוף הציפור.

8 מדביקים את הפסים החתוכים האחד ליד השני בצורה מסודרת, כדי ליצור תנועה של זרימה.

9 רגלי הציפור עשויות מריבועים כתומים קטנים שנחצו לשניים. חותכים משולש מזכוכית כתומה ומדביקים כמקור לציפור.

10 מדביקים מסגרת מריבועים שחורים קטנים.

11 לרקע - חותכים זכוכית בגווני ורוד-לבן לצורות אקראיות וממלאים את כל השטח בצורה צפופה. (ראו הסבר על חיתוך זכוכית בעמוד 21).

12 קובעים את סדר הצבעים למסגרת, ומדביקים שורה אחר שורה בצורה צפופה ככל האפשר. אפשר לשלב גדלים של ריבועים לפי גודל המכסה. בחלקו התחתון של המכסה מומלץ לחתוך את הריבועים לשניים, זה יקל על ההדבקה.

דוגמת הציפור:
יש להגדיל בהתאם לצורך

13 מכינים רובה בגוון קרם לפי הוראות היצרן, מורחים ומנקים עד שהזכוכית מבריקה.
התמונה מוכנה! תולים על מסמר חזק או בורג היכן שרוצים, בבית או בחוץ.

מריחת הרובה - שלב אחר שלב

1 עוטים מסכת אבק כדי להגן על הפנים ולובשים כפפות על הידיים.

2 מכסים את משטח העבודה בעיתונים ישנים.

3 מוסיפים כמה כפיות של רובה בצבע המתאים, (במקרה הזה צבע קרם) לקערת פלסטיק או כלי חד פעמי.

4 שופכים מים לקערת הרובה. מערבבים במקלון עץ עד שהמרקם דומה לקרם. יש לשים לב להוראות היצרן כדי להגיע לתוצאות טובות.

5 מתחילים בתהליך המריחה: בעזרת לקקן של עוגה, מורחים את הרובה עד שהיא ממלאת את כל החריצים והחורים. דואגים למלא את הרובה גם בצדדים.

6 ברגע שהפסיפס מכוסה ברובה, משתמשים בחלק הצדי של המרית כדי לגרוף ולהסיר את העודפים.

7 לאחר מספר דקות, כאשר הרובה מתחילה להתייבש, מתחילים לנקות: מרטיבים את העבודה בעזרת סמרטוט כותנה נקי או ספוג. משתמשים בסמרטוט רטוב (סחוט) ויבש מספר פעמים עד שהעבודה נקייה. מקפידים להחליף את המים מדי פעם.

8 אם מוצאים "חורים" לאחר הניקוי, יש למלא אותם ברובה, לחכות עד שתתייבש ולנקות עד לקבלת פסיפס חלק ונקי.

9 **חשוב** להקפיד להרטיב את הרובה. דבר זה גורם להתייבשות איטית ומונע סדקים. אפשר גם לכסות את העבודה עם סמרטוט רטוב בימים חמים כדי להאט את ההתייבשות.

- **שימו לב:** את הרובה עושים לפחות אחרי יום מסיום עבודת ההדבקה, כדי לוודא שהפסיפס לא יתפרק.
- **חשוב:** לא מומלץ להפסיק באמצע את תהליך הרובה. יש לפנות זמן ולבצע את העבודה היטב מתחילתה ועד סופה כדי לקבל תוצאה טובה.

פרוייקט: **עציץ פרפרים**

אני לא מכירה מישהו שלא אוהב פרפרים! הם קיימים במגוון כל כך רחב של צבעים וצורות, וכשמסתכלים עליהם מקרוב אפשר רק להתפעל מהעדינות והקסם של היווצרותם.

עציצי פרפרים מתאימים לכל גינה, אפשר לעשות אותם בכל סקלת צבעים שתבחרו, כל אחד לפי טעמו, ואם יוצרים מזכוכית - הם גם יבריקו בשמש.

מכיוון שהעציץ עגול ואפשר לראותו ממספר כיוונים, בחרתי לקשט אותו בשני פרפרים שונים, כל אחד בגוונים אחרים ובצורה אחרת.

חומרים:

- עציץ קרמיקה בגובה 30 ס"מ או לפי בחירתכם
- זכוכית בגווני כחול, תכלת, לבן, שני גוונים של אדום, אפור ושחור
- עיגולים מוזהבים
- עיגולי מיליפיורי צבעוניים
- ריבועי זכוכית בגווני תכלת
- עיגול צהוב גדול לראש הפרפר
- צבת לחיתוך זכוכית
- מקלון עץ או ספטולה למריחת הדבק
- מברג דק או קיסם לניקוי עודפי הדבק
- דבק אריחים
- קערה קטנה לדבק
- רובה בגוון קרם
- **ציוד לרובה:** קערה, מים, מקלון ערבוב, מרית, סמרטוטים, עיתונים וכפפות.

1 בעזרת נייר העתקה ועפרון, מעתיקים את דוגמאות הפרפרים אל העציץ, אחד בכל צד.

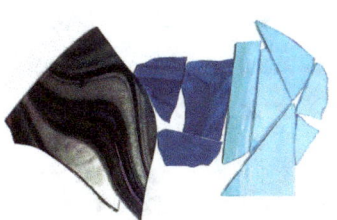

2 חותכים לחתיכות קטנות זכוכיות בצבע תכלת, כחול ושחור או אפור.

3 מעתיקים את צורת מרכז הפרפר אל זכוכית שחורה בעזרת טוש לא מחיק. חותכים את הצורה השלמה בעזרת סכין לחיתוך זכוכית ומדביקים במרכז הפרפר, (ראו הסברים לחיתוך זכוכית בהמשך).

4 מוסיפים זכוכית כחולה סביב מרכז הפרפר, ומדביקים זכוכיות אפורות חתוכות כקונטור חיצוני.

5 ממלאים את כנפי הפרפר בזכוכית תכלת חתוכה לחתיכות בצורות שונות.

6 מוסיפים מחושים עשויים מעיגולי מיליפיורי.

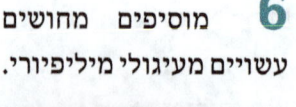

7 פרפר שני - מדביקים את מרכזו באותה הצורה כמו הפרפר הראשון. מוסיפים שורת עיגולים מוזהבת במרכז הכנפיים.

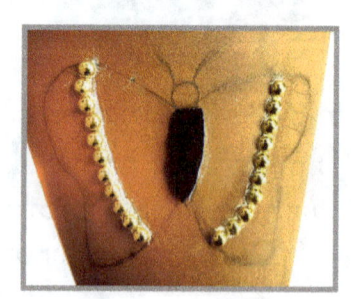

8 חותכים זכוכית שחורה לפסים דקים, שישמשו כקווים מפרידים בתוך כנפי הפרפר.

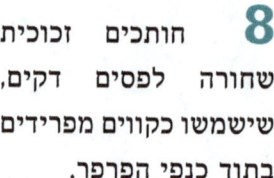

9 מדביקים את פסי הזכוכית השחורים וביניהם מלבנים חתוכים מזכוכית אדומה, מותאמים לגובה הנדרש.

30

10 חותכים מלבנים מהגוון השני של הזכוכית האדומה, וכל מלבן לפסים דקים.

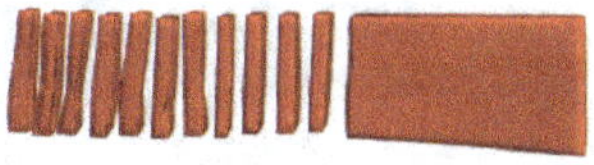

11 ממלאים את חלקו החיצוני של הפרפר בפסי רוחב אדומים, מוסיפים עיגול צהוב לראש ועיגולי מיליפיורי למחושים.

12 חותכים זכוכית לבנה לחלקים קטנים וממלאים את רקע העציץ בין הפרפרים. אפשר לשלב עיגולי מיליפיורי בתוך הרקע.

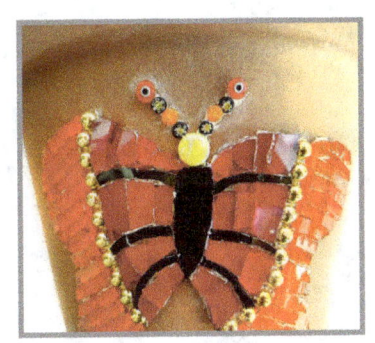

13 מכינים רובה לפי הוראות היצרן, מורחים ומנקים היטב. לנוחות העבודה, מומלץ להפוך את העציץ כשחלקו הרחב בלפי מטה בעת עשיית הרובה.

דוגמת הפרפרים:

יש להגדיל בהתאם לצורך.

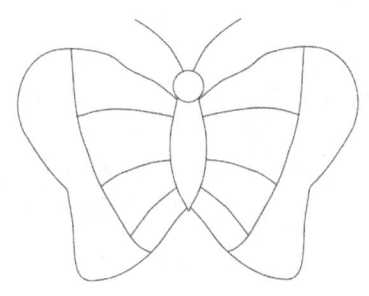

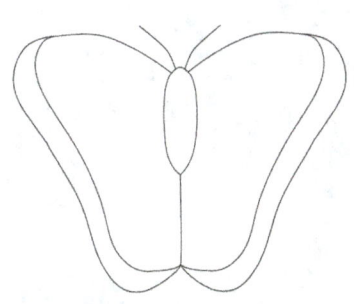

פרוייקט: פרפר על צלחת זכוכית

קיבלתי סט צלחות זכוכית כחולות ויפיפיות, שסיימו את תפקידן על שולחן האוכל, אבל בעיני הן היו ממש מושלמות כמצע לפסיפס. היה צריך למצוא את הדוגמה המתאימה, ונראה לי שפרפרים לבנים בהחלט מתאימים לזכוכית הכחולה. אספתי חומרים לבנים מסוגים שונים, זכוכית וחרוזים שונים ויצרתי את הפרפרים המוצגים כאן.

בדוגמאות אפשר לראות כי יש שני עיצובים לאותה הדוגמה. אתם מוזמנים לחפש צלחת יפה שתתאים גם כמצע וגם כרקע, וליצור את הפרפר שלכם לפי החומרים שתמצאו.

חומרים:

- צלחת זכוכית כחולה
- זכוכיות לבנות
- חרוזים לבנים מסוגים שונים
- צבת גלגלים
- מברג דק או קיסם לניקוי עודפי הדבק
- מקלון עץ למריחת הדבק
- דבק זכוכית
- צלחת קטנה לדבק
- רובה בגוון אפור בהיר (לא חייבים)
- **ציוד לרובה:** קערה, מים, מקלון ערבוב, מרית, סמרטוטים, עיתונים וכפפות.

1 מדפיסים את דוגמת הפרפר בגודל המבוקש ומעתיקים אל צלחת הזכוכית בעזרת צבע פנדה (ראו הסברים בפרויקטים קודמים).

2 חותכים זכוכית לפסים דקים ומדביקים על הצלחת בשילוב חרוזים בעזרת דבק זכוכית או דבק סיליקון שקוף. (מומלץ לעבוד עם כפפות). יוצרים מחרוזים את מחושי הפרפר ואת הגוף מחלק אחד או 3 חלקים גדולים.

3 משלימים בצורה זו את הפרפר ודואגים לשמור על עבודה נקיה. מסירים את שאריות הדבק בעזרת קיסם ומגבון לח או סמרטוט רטוב.

4 במידה ורוצים, עושים רובה בגוון אפור בהיר רק על הפרפר עצמו. אם הדבקתם בצורה צפופה או השתמשתם בחרוזים מיוחדים, אפשר לוותר על הרובה.

5 מדביקים על הקיר בעזרת דבק סיליקון חזק וכדי שהצלחת לא תגלוש למטה, מחזקים עם שני מסמרים, אותם אפשר להסיר לאחר מספר שעות.

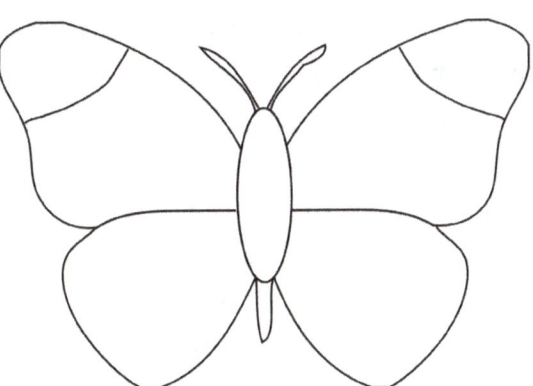

דוגמת הפרפר:

יש להגדיל בהתאם לצורך.

חיתוך זכוכית לפסים

את הזכוכית אנו חותכים בטכניקה המשמשת את אמנות הויטראז. חורצים חריץ בעזרת סכין הזכוכית ולאחר מכן מפרידים בעזרת פלייר מיוחד את שני החלקים.
כדי להגיע לדיוק מרבי, משייפים כל חלק במכונת שיוף לאחר חיתוכו. בספר זה לא נשתמש במכונה ונחתוך את הזכוכית בעזרת הסכין וצבת הגלגלים בלבד.
ישנם סוגים שונים של סכינים וצורות אחיזה שונות. מומלץ לקנות סכין טוב ואיכותי לנוחות העבודה.
כדי לחתוך פסי זכוכית מדויקים ואף צרים, יש להשתמש בסכין החיתוך, בסרגל הזווית ובפלייר. תחילה נלמד איך להשתמש בסכין החיתוך.
לצורך כך יש להכין: סכין זכוכית טובה, סרגל זוית מעץ ופלייר-שובר.

שלבי חיתוך הזכוכית - קו ישר:

* מומלץ להתאמן על זכוכית שקופה ופשוטה.

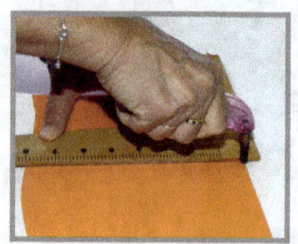

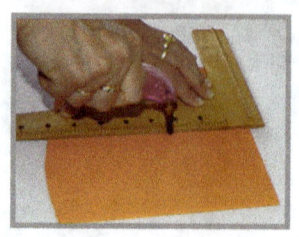

1. מניחים את הזכוכית אותה רוצים לחתוך על משטח ישר ונקי.
2. כדי לחתוך קו ישר ומדוייק יש להשתמש בסרגל זוית או בסרגל T: תחילה שמים את הסרגל על הזכוכית במקום בו רוצים לחתוך.
3. אוחזים את הסכין ביד הדומיננטית וטובלים מעט בשמן אם יש צורך, (לפי סוג הסכין).
4. ממקמים את הסכין בקצה העליון או התחתון של הזכוכית, ומחזיקים אותה בצורה ישרה וניצבת לזכוכית.
5. חורצים את הזכוכית לאורך הסרגל ביד הדומיננטית. ביד השנייה לוחצים על הסרגל כדי שלא יזוז. כיוון החיתוך יכול להיות מלמעלה למטה או מלמטה למעלה. חשוב לעשות זאת תוך הפעלת לחץ אחיד, מקצה לקצה של הזכוכית, אחרת היא לא תחתך בצורה ישרה. אם נשמע רעש קל, סימן שעשיתם זאת נכון.
6. תופסים את הזכוכית בחלקה התחתון בעזרת הפלייר-השובר ומקליקים. קו הסימון בפלייר צריך להיות מופנה כלפי מעלה. הזכוכית תחתך לשניים לאורך הקו.

חיתוך זכוכית לפסים לפי מידה

1. שמים את הזכוכית אותה רוצים לחתוך על משטח ישר ונקי.
2. בעזרת טוש זכוכית וסרגל מסמנים את הרוחב המבוקש לחיתוך. אפשר לסמן מראש את כל הקווים הנחוצים.
3. מניחים את סרגל ה-T על הזכוכית. בעזרת סכין הזכוכית חותכים את הפסים לפי הסדר, בזה אחר זה. חוזרים על שלבים 3-6 בחיתוך הזכוכית.

חיתוך זכוכית לצורות

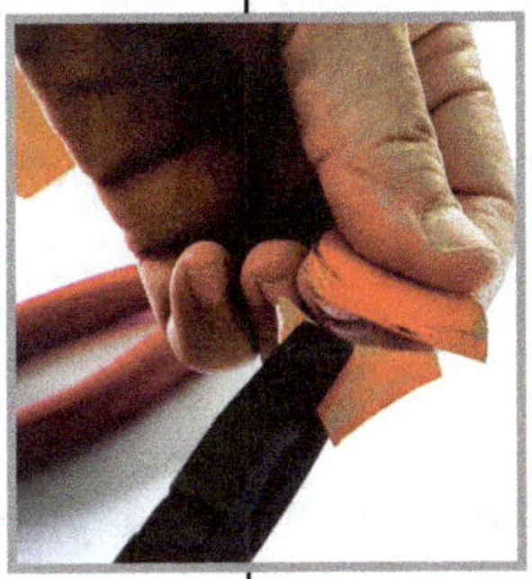

חיתוך זכוכית לצורות היא פעולה מעט מורכבת. מכיוון שכך, יש צורות אותן צריך לחתוך במספר צעדים, ומומלץ להתאמן קודם לכן על זכוכית שקופה פשוטה.

נשתמש בסכין זכוכית, פלייר כרסם ופלייר-שובר. פלייר כרסם הוא פלייר מיוחד בעל שני צדדים, ישר ומעוגל. הצד הישר מיועד להפריד בין שני חלקי הזכוכית שנחרצה והצד המעוגל לכרסום, הורדת חלקים קטנים בצורה שנוצרה כדי לשפר אותה, כפי שעושים לפעמים בעזרת צבת גלגלים.

אופן חיתוך הזכוכית:

1. מציירים את הצורה שרוצים לחתוך על הזכוכית בעזרת טוש לא מחיק.
2. משאירים שוליים מסביב ולא מציירים את הצורה קרוב מדי לקצה הזכוכית, כי אז יהיה קשה להפריד בין החלקים.
3. יש לחתוך את הצורה בהדרגה, כדי להקל על החיתוך (ראו שרטוט). לאחר ביצוע החריץ אוחזים בזכוכית החתוכה ביד אחת. ביד השנייה אוחזים בפלייר כשחלקו הישר כלפי מעלה ומבצעים תנועה כלפי מטה לחיתוך החלק המיותר.
4. לאחר החיתוך הראשון אפשר להמשיך ולסמן חיתוכים נוספים, ולחתוך את הצורה בהדרגה עד להשלמת החיתוך כולו.
5. לסיום אפשר ללטש במכונת ליטוש או לעדן את החיתוך בעזרת צבת גלגלים או חלקו המעוגל של הצבת השובר.
6. כדאי לשמור את השאריות, תמיד יש מה לעשות איתן.

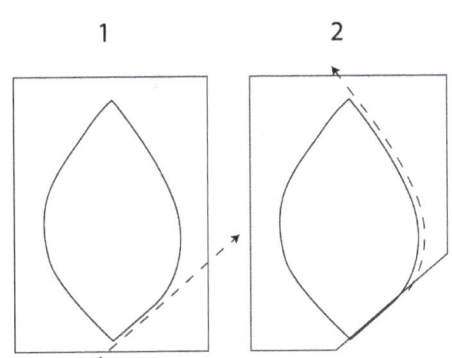

פרוייקט: ינשופים תלויים

ינשוף הוא אחת הציפורים האהובות עלי ועל אנשים רבים. בחנות יצירה מצאתי ינשופים עשויים קלקר עבה וקשיח, והחלטתי לצפות אותם בפסיפס ולתלות בעזרת חוט על ענפי העץ שבחצר. הינשופים מצופים בזכוכית צבעונית ובפסי מראות שהופכים אותם למנצנצים ויפים בשמש.

הקלקר עובר תהליך ציפוי שהופך אותו לעמיד. בנוסף זהו חומר לא כבד, הזכוכית שעליו לא מוסיפה משקל רב ולכן אפשרי לתלות אותו בקלות. מלבד הזכוכית אפשר לשלב חרוזים, כפתורים, מראות, עיגולי זכוכית ועוד חומרים שונים. כל צד יכול להיות שונה כפי שתראו בדוגמאות הבאות.

אפשר ליצור את הינשוף הזה על כל בסיס שתרצו, ואפשר גם לחתוך מכל משטח קלקר עבה שתמצאו.

חומרים:

- ינשוף עשוי קלקר
- זכוכית צבעונית, כפתורים, חרוזים,
- נאגטס (עיגולי זכוכית שטוחים
- למחצה) לעיניים
- מראות
- צבת גלגלים
- ציוד לחיתוך זכוכית
- מקלון עץ או ספטולה למריחת הדבק
- מברג דק או קיסם לניקוי עודפי הדבק
- דבק אריחים
- קערה קטנה לדבק
- רובה בגוון קרם
- חוט דייגים שקוף חזק
- ציוד לרובה: קערה, מים, מקלון ערבוב, מרית, סמרטוטים, עיתונים.

דוגמת הינשוף:
יש להגדיל
בהתאם לצורך.

1 חותכים את צורת הינשוף מקלקר ומחוררים חור לתליה בחלקו העליון בעזרת מברג או קיסם עץ.

2 מצפים את הינשוף מכל צדדיו בדבק אריחים. מחליקים ככל האפשר בעזרת מעט מים ומניחים לייבוש. מומלץ להשאיר את קיסם העץ במקומו כדי לשמור על חור פתוח לתליה.

3 מציירים בטוש את דוגמת הינשוף על כל פרטיו.

4 מתחילים מהעיניים - בעזרת דבק אריחים, מדביקים נאגט או כפתור שחור במרכז העין, וסביבו מדביקים זכוכית חתוכה לצורות דמויות טרפז.

5 מוסיפים אף מזכוכית חתוכה לצורת מעוין, משלימים אוזניים וממלאים את פני הינשוף בזכוכית חתוכה לחתיכות קטנות.

6 מדביקים את הכנפיים. בדוגמה זו השתמשתי בצורות מוכנות החתוכות לצורות אקראיות.

7 בטן הינשוף - כאן אפשר לשלב חומרים שונים בנוסף לזכוכית החתוכה, בתמונה זו - כפתור גדול.

8 לאחר שצד אחד התייבש מדביקים באותה הדרך את הצד השני (ואפשר לשלב חומרים וצבעים אחרים).

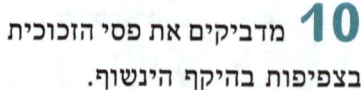

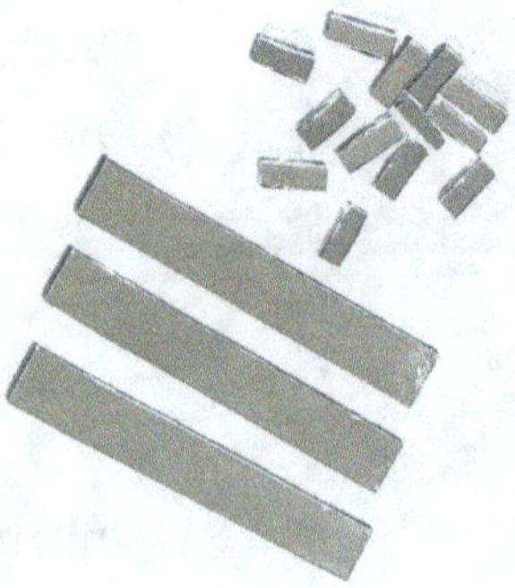

9 כדי לצפות את צדי הינשוף, חותכים פסי מראות ברוחב דופן הינשוף ולאחר מכן כל פס למלבנים קטנים.

10 מדביקים את פסי הזכוכית בצפיפות בהיקף הינשוף.

11 מחכים יום לייבוש מלא ומכינים רובה לפי הוראות היצרן לשני צדי הינשוף ובהיקפו. חשוב לשמור על חור התליה כדי שלא ייסתם. תולים את הינשוף בעזרת חוט דייגים חזק ושקוף.

פרוייקט: **ציפור על אדנית מעץ**

יונק הדבש הוא אחת הציפורים האהובות עלי ביותר. ציפורים קטנטנות, מהירות, צבעוניות ויפות, בעלות מקור ארוך בעזרתו הן יונקות את הצוף.

בפרויקט זה ציפיתי אדנית מעץ בפסיפס זכוכית של ציפור ופרחים. לזכוכית יש גוונים נפלאים המדגישים את גוף הציפור. הציפור עשויה מחתיכות דמויות פסים דקים בגוונים שונים, היוצרים את התנועה.

חשוב לשים לב - אדנית כזו יכולה להיות רק במקום מוגן מגשם ולחות, מכיוון שעץ בתנאים כאלה מתנפח והפסיפס יכול להתפרק.

חומרים:

- אדנית עץ (או לוח עץ מלבני לתמונה)
- זכוכית בגווני תכלת, כחול, סגול, שחור, ירוק, צהוב ולבן
- עיגולי זכוכית - נאגטס
- עיגול שחור קטן לעין
- צבת גלגלים
- צבת לחיתוך קרמיקה
- דבק לבן חזק
- עיפרון
- מכחול
- קערה קטנה לדבק
- רובה אפורה
- ציוד לרובה: קערה, מים, מקלון ערבוב, מרית, סמרטוטים, עיתונים וכפפות.

1 מכינים את המצע לעבודה - אדנית עץ או לוח עץ, מעט מחוספס וללא לכה או ציפוי.

2 בעזרת נייר העתקה ועיפרון מעתיקים את הדוגמה אל משטח העבודה.

3 בעזרת צבת הגלגלים חותכים זכוכית שחורה לפסים דקים, ומדביקים על קצה המקור ומעט מתחתיו. מדביקים גם עין שחורה לציפור.

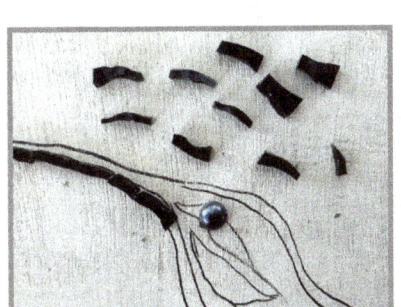

4 באותה צורה חותכים פסים דקים בגווני תכלת, ירוק בהיר, כחול וסגול.

5 את החלקים בגוונים תכלת וירוק, מדביקים בצפיפות בחלק העליון של הראש. את הכהים יותר - מדביקים בחלק התחתון.

6 את גוף הציפור וזנבה יוצרים מפסים בגווני תכלת, סגול כהה בקו המיתאר וירוק בהיר בחלק העליון של הכנף.

7 כנף הציפור עשויה מפסים בגווני סגול, בהיר וכהה לסירוגין.

8 מדביקים עיגולי זכוכית או אליפסות במרכז כל פרח.

9 חותכים את עלי הפרח: תחילה חותכים מלבן מזכוכית צהובה. לאחר מכן חותכים באלכסון פסים צרים כדי לקבל משולשים ומעוינים בצורות לא אחידות. רצוי לחתוך מספר גוונים של צהוב או להשתמש בזכוכית מגוונת.

10 מדביקים בצפיפות את עלי הפרחים סביב עיגול הזכוכית, כל פרח בנפרד.

11 חיתוך העלים: חותכים מלבן זכוכית ארוך וצר. לאחר מכן חותכים ממנו מעויינים רחבים בעזרת צבת הגלגלים.

12 מעגלים את דפנות המעוין כדי לקבל צורה של עלה. אפשר לעשות זאת בעזרת צבת הגלגלים או צבת לחיתוך קרמיקה, אותו מחזיקים בכיוון ההפוך ומכרסמים בעדינות עד שמעגלים את הקצה החד.

13 מכינים בצורה זו כמות גדולה של עלים.

14 מדביקים את העלים בצפיפות סביב גושי הפרחים.

15 ליצירת הרקע חותכים זכוכית לבנה לחתיכות בצורות שונות וממלאים את השטח. חשוב להקפיד על שוליים ישרים ליצירת מראה אסתטי.

16 מחכים יום לייבוש מלא, מכינים רובה אפורה לפי הוראות היצרן, מורחים ומבריקים את העבודה.

דוגמת הציפור:
יש להגדיל בהתאם לצורך.

פרוייקט: מנדלת תחרה עם פרפר

למנדלות יש קסם מיוחד. הן מרגיעות, מפקסות ומאפשרות זרימה. כאן בחרתי לשלב מנדלה ופרפר, שגם הוא יצור סימטרי, והכל משתלב בהרמוניה של צבעים מרגיעים - לבן, ורוד וסגול. המנדלה הזו נוצרה בהשראת בדי תחרה, שלהם דוגמה עדינה וסיבובית. הזכוכית מוסיפה גוונים, שיוצרים עומק, וישנו שילוב של חיתוך צורות מדויקות על ידי גזרה אותה מעתיקים אל הזכוכית, לבין חיתוכים אחרים - משולשים, מלבנים וצורות אקראיות.

חומרים:

- משטח עץ עגול בקוטר 28 ס"מ
- זכוכית בגווני לבן, ורוד וסגול
- ריבועי זכוכית סגולים 1 ס"מ
- עיגולי זכוכית קטנים
- נייר העתקה
- עיפרון
- טוש לסימון זכוכית
- דבק לבן חזק
- מכחול
- צבת גלגלים
- ציוד לחיתוך זכוכית
- קערה קטנה לדבק
- רובה בגוון אפור בהיר
- ציוד לרובה: קערה, מים, מקלון ערבוב, מרית, סמרטוטים, עיתונים וכפפות.

1 מעתיקים את הדוגמה אל משטח העץ בעזרת נייר העתקה.

2 יצירת הפרפר - גוזרים את חלקיו מנייר. ליצירת חלקו התחתון מסמנים בעזרת טוש לא מחיק על זכוכית ורודה חתוכה כל חלק בנפרד, כולל סימון ימין ושמאל.

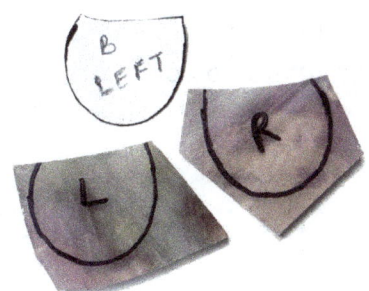

3 באותה צורה מסמנים את חלקו העליון של הפרפר על זכוכית סגולה.

4 בעזרת סכין לחיתוך זכוכית חותכים את חלקי הפרפר, משייפים מעט בעזרת צבת גלגלים או משייפת זכוכית ומדביקים במקום. מוסיפים חרוזים מתאימים לגוף הפרפר.

5 סביב הזכוכית הסגולה מדביקים חלקי פסיפס ורודים קטנים, חתוכים בצורה אקראית.

6 סביב הזכוכית הוורודה מדביקים חלקי פסיפס סגולים קטנים, חתוכים בצורה אקראית.

7 חותכים ריבועי זכוכית סגולים למלבנים ומדביקים בעיגול סביב הפרפר.

8 חותכים זכוכית לבנה לפסים דקים ומדביקים בעיגול במקום המתאים.

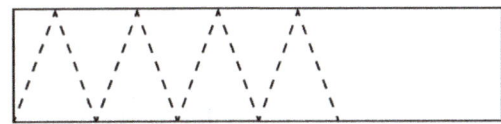

9 חותכים מלבן ארוך וצר מזכוכית סגולה וורודה, ואותו למשולשים לפי הדוגמה.

10 ממלאים את העיגול במשולשים סגולים מכיוון אחד, וורודים מהכיוון השני.

11 חותכים את העלים סביב המנדלה באותה צורה שחתכנו את גוף הפרפר - גוזרים עלה אחד, מעתיקים לזכוכית סגולה וחותכים כל עלה בנפרד בעזרת סכין לחיתוך זכוכית.

12 מדביקים את העלים הסגולים סביב המנדלה, במקומות המתאימים.

13 חותכים מלבנים דקים וארוכים מזכוכית סגולה. לאחר מכן חותכים אותם לפסים דקים. מדביקים בחלקו החיצוני של הפרח.

14 באותה צורה חותכים פסים דקים מזכוכית ורודה וממלאים את חלקו הפנימי של כל עלה. מדביקים עיגולים סגולים קטנים בין העלים.

15 חותכים זכוכית לבנה לחתיכות אקראיות וממלאים את רקע המנדלה.

16 במידה ויש עובי למשטח העגול, מדביקים ריבועי זכוכית סגולים סביבו כקונטור.

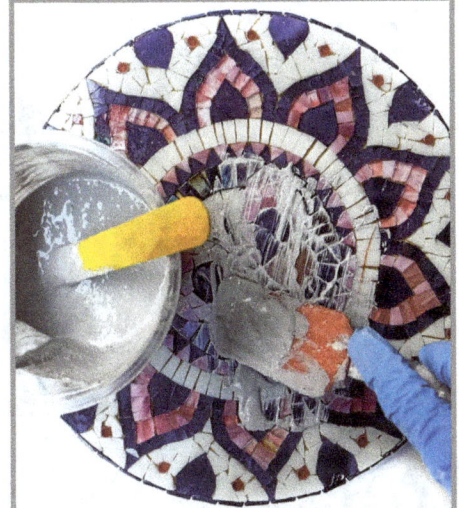

17 ממתינים יום לייבוש מלא. מכינים רובה בגוון אפור בהיר לפי הוראות היצרן, מורחים, מנקים ומבריקים.

דוגמת המנדלה:
יש להגדיל בהתאם לצורך.

פרוייקט: פרפר על רשת

כשרוצים לתלות פסיפס על קיר מחוץ לבית, עבודה על רשת יכולה להתאים. את הפרפר שלפניכם אפשר לעשות בשלל צבעים. מה שמייחד אותו הוא הקונטור השחור שמדגיש את הצבעים ובנוסף בחירת הדבק לעבודה.

בדרך כלל מדביקים על רשת עם דבק זמני, דבק נגרים או דבק לבן. הפעם בחרתי להדביק את הזכוכית לרשת בדבק אריחים, כדי שאפשר יהיה לעשות את הרובה לפרפר על השולחן ולא על הקיר, ולהדביק אל הקיר את היחידה השלמה.

זוהי שיטה נוחה ופרקטית, המתאימה רק לפרויקטים קטנים.

חומרים:

- רשת פיברגלס גמישה חתוכה למלבן בגודל הרצוי
- ניילון חתוך, מעט יותר גדול מהרשת
- שדכן סיכות
- זכוכית במספר גוונים של סגול, צהוב, כתום, כחול, אדום, תכלת ושחור
- חרוזים ליצירת המחושים
- צבת גלגלים לחיתוך זכוכית
- ספטולה או מקל עץ
- מספריים
- דבק אריחים
- שפכטל קטן למריחת הדבק
- מברג דק או קיסם לניקוי עודפי הדבק
- רובה בגוון קרם
- ציוד לרובה: קערה, מים, מקלון ערבוב, מרית, סמרטוטים, עיתונים וכפפות.

1 מדפיסים את דוגמת הפרפר, גוזרים רשת וניילון בגודל המתאים. משדכים בעזרת שדכן סיכות את שלושת החלקים בסדר הבא: הפרפר, מעליו ניילון ולבסוף רשת.

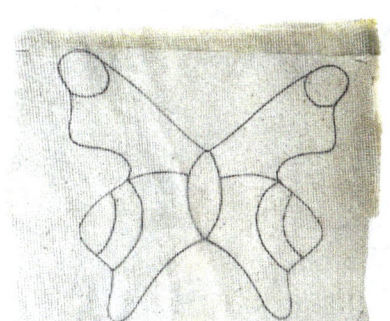

2 חותכים פסים דקים מזכוכית שחורה, עובי הפסים תלוי בעובי הקונטור אותו רוצים (ראו הסבר נפרד על חיתוך זכוכית לפסים).

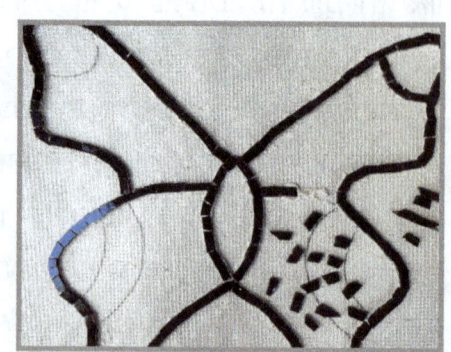

3 את פסי הזכוכית השחורים חותכים למלבנים וטרפזים קטנים ומדביקים על כל קווי המתאר של הפרפר בעזרת דבק אריחים. מנקים את עודפי הדבק בעזרת מברג או קיסם עץ. מומלץ להיעזר בספטולה או בשקית זילוף. (ראו הסבר בעמוד 13).

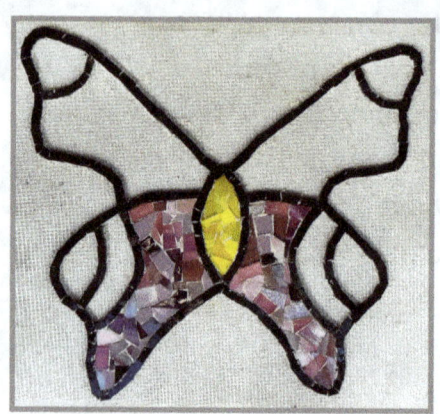

4 ממלאים את גוף הפרפר: חותכים לחתיכות אקראיות קטנות זכוכית צהובה וממלאים את מרכז הפרפר, וזכוכיות בגוון סגול/ורוד לחלקו התחתון.

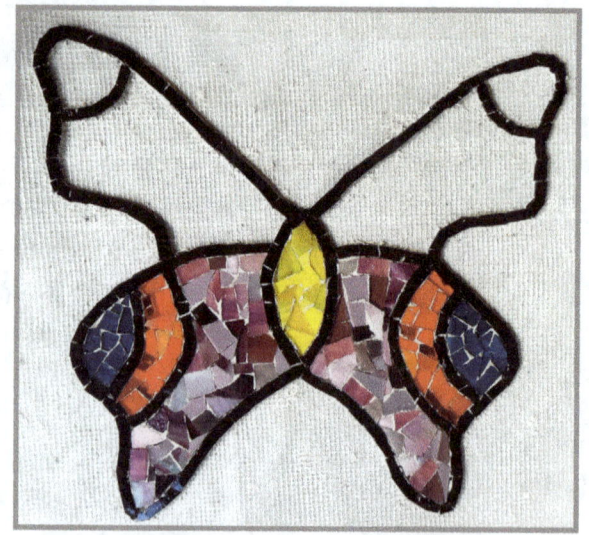

5 חותכים זכוכית בגוון כתום וכחול לחתיכות קטנות וממלאים לפי הדוגמה.

6 חלקו העליון של הפרפר עשוי מחתיכות קטנות של זכוכית בגווני אדום ותכלת.

7 ממתינים יום או יומיים לייבוש מלא, מפרידים את הרשת מהניילון וגוזרים כמה שיותר צמוד לפרפר. מחזירים את הניילון מתחת לפרפר, מורחים רובה בהירה לפי הוראות היצרן, מנקים ומבריקים.

8 לאחר מספר שעות, כשהרובה יבשה, הופכים את הפרפר בעדינות, (מומלץ להיעזר בלוח עץ או קרטון עבה). בעזרת שפכטל מורחים דבק אריחים על חלקו האחורי ומדביקים אל הקיר. את המחושים מדביקים ישירות אל הקיר.

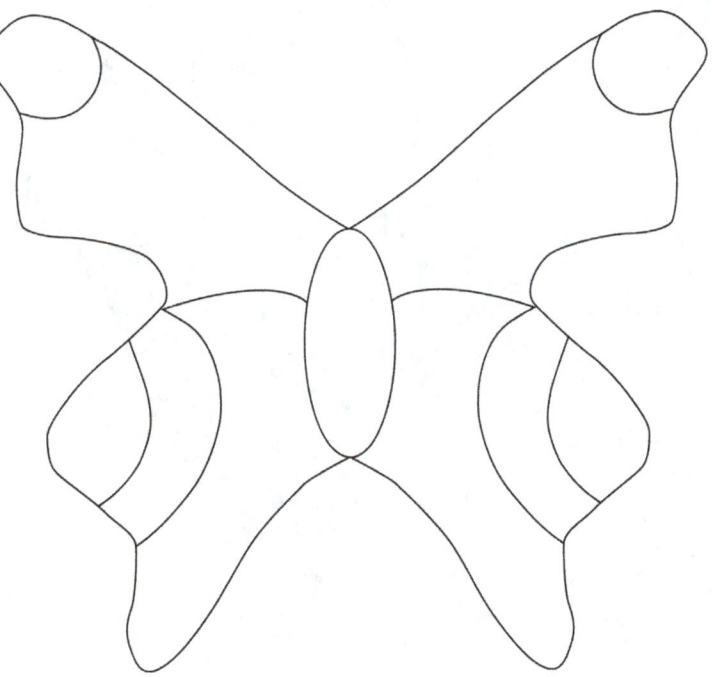

דוגמת הפרפר:
יש להגדיל בהתאם לצורך.

פרוייקט: תמונת חתול עם פרפרים

אם אתם אוהבים בעלי חיים כמוני, בוודאי תסכימו איתי שחתול המביט בפרפרים הוא מחזה נחמד. השאלה היא האם הוא מביט במעוף הפרפרים, או אולי חושב איך לתפוס אחד מהם? את זה נשאיר לדמיון שלכם.

זוהי תמונה שעשויה מפסיפס זכוכית, כדי להשיג עושר צבעוני ולשלב גוונים רבים. בנוסף, היא משלבת סוגים שונים של חיתוכים - פסים דקים לחתול, חיתוך אקראי לרקע וחתיכות שלמות ומוגדרות לפרפרים.

התוצאה מרהיבה, שני סוגים של פרפרים מתעופפים להם באוויר, האחד בגווני כחול והשני בצהוב. חתול בצבע חום מסתכל עליהם וסביבו עלווה ירוקה במספר גוונים. הרקע עטוף בגווני לבן וורוד ההולך ומתכהה כלפי מעלה. ממש חגיגה צבעונית!

חומרים:

- לוח עץ בגודל 40x40 ס"מ
- זכוכית בגוונים שונים: אדום, צהוב, כחול, תכלת, שחור, ירוקים, חומים, ורוד ולבן
- צבת לחיתוך זכוכית
- סכין לחיתוך זכוכית
- דבק לבן
- קערה קטנה לדבק
- מכחול למריחת הדבק
- פינצטה
- מגבון לח לניקוי עודפי הדבק
- רובה בגוון אפור בהיר
- ציוד לרובה: קערה, מים, מקלון ערבוב, מרית, סמרטוטים, עיתונים וכפפות.

1 מדפיסים את הדוגמה בגודל הרצוי ומעתיקים אל לוח העץ. מחזקים בטוש במידת הצורך.

2 הפרפר הצהוב: חותכים פס זכוכית ברוחב גוף הפרפר ואותו למלבנים וטרפזים, כדי להתאים את החלקים מהחלק הצר לרחב ושוב לחלק הצר. מדביקים עיגול שחור כראש הפרפר.

3 חותכים זכוכית צהובה למלבנים וטרפזים ומדביקים בחלקו התחתון של הפרפר.

4 באותו האופן, חותכים זכוכית בגוון כהה יותר, (כתמתם), ומדביקים בחלקו העליון של הפרפר. מוסיפים מחושים מזכוכית כתומה. מדביקים באותו האופן את שאר הפרפרים הצהובים.

5 פרפר כחול: מדביקים את גוף הפרפר השחור באותה הצורה כמו בדוגמה של הפרפר הצהוב. חותכים עיגולים מזכוכית אדומה ומדביקים במקום המתאים בכל כנף.

6 חלקו התחתון של הפרפר - מדביקים זכוכית תכולה בצידו הפנימי של העיגול, ובחיצוני זכוכית כחולה.

58

7 בכנף העליונה מדביקים זכוכית בשני גווני ירוק.

8 החתול - חותכים מזכוכית שחורה ומדביקים צורת משולש עגלגל לאף, פס צר לפה ואחד נוסף למרכז העין. סביבו מדביקים שני משולשים ירוקים להשלמת העין.

9 זנב החתול עשוי ממלבנים שחורים המודבקים בצורה צפופה. חותכים חצאי אליפסות ומדביקים לכפות הרגלים.

10 מדביקים משולש ורוד למרכז האוזן הקדמית וסביבו חתיכות חומות. מדביקים משולש חום לאוזן השנייה. חותכים זכוכיות במספר גוונים של חום בהיר, וממלאים את פני החתול. מוסיפים גוון כהה במקום המתאים, בתחתית הצוואר.

11 ממשיכים בצורת הדבקה זו לאורך כל גופו של החתול. אפשר לערבב גוונים לפי הזכוכית שבידיכם. כדי לעשות הפרדה בין הרגליים הדביקו לכל אחת זכוכית בגוון אחר.

12 חותכים זכוכית בגוון ירוק כהה לחתיכות אקראיות, ומדביקים מתחת לגוף החתול.

13 באותה הצורה ממשיכים ומוסיפים שטחים ירוקים בגוונים אחרים, עד להשלמת חלקה התחתון של התמונה.

14 חותכים זכוכית לבנה וורודה לחתיכות אקראיות ויוצרים את הרקע - בחלקה התחתון של התמונה חלקים לבנים, למעלה ורודים ובמרכז משלבים ביניהם, כדי ליצור מעבר הדרגתי.

15 מכינים רובה אפורה לפי הוראות היצרן, מורחים וממלאים היטב את כל החריצים. מנקים בעזרת סמרטוט לח עד שהפסיפס נקי. מבריקים עם מגבון לח, מוסיפים מתלה חזק מאחור ונהנים מהיצירה החדשה!

טיפ: כשמדביקים את הפרפרים, מומלץ בחום במקום להדביק כל פרפר מתחילתו ועד סופו ואז לעבור לבא בתור, לעבוד בשיטה רוחבית: קודם להדביק את גוף כל הפרפרים, לאחר מכן את הזכוכית הצהובה בכולם, הכתומה וכו'.

דוגמת התמונה:
אפשר להגדיל את הדוגמה בהתאם לצורך.

60

פרוייקט: ציפורי מים

הציפורים עפות בשמים, אבל בואו ניתן מקום גם לציפורי המים היפות. זהו פרויקט מעט מורכב, גם מבחינת הגודל (40x60 ס"מ) וגם בשל שילוב החומרים: זכוכית, חרוזים, אבנים, צלחת, מראות וצדפים. מכיוון שזו תמונה, אין צורך לשמור על מראה חלק אלא להיפך, יש יופי בשילוב חומרים ממרקמים ועוביים שונים, וכל אחד מהם מוסיף לאופי העבודה ונותן אפקט של ממד נוסף. כל חומר מקבל את המקום שלו -

ציפורי המים עשויות משברי צלחות, זכוכית ומראות נוצצות.
האי במרכז האגם עשוי מאבני זכוכית צבעוניות קטנות.
ההרים - זכוכית בגווני חום וחרוזי זכוכית.
בתחתית התמונה - צדפים מיוחדים שאספתי בים.
לאחר שהתמונה הודבקה על הקיר, נראה שחסר בה משהו ולכן הוספתי חלק נוסף. תוכלו לראות זאת בהמשך, וכמובן למצוא את שתי הדוגמאות לשימושכם בתוך קובץ הדוגמאות.

חומרים:

- רשת פיברגלס גמישה חתוכה למלבן בגודל 40x60 ס"מ
- ניילון חתוך, מעט יותר גדול מהרשת
- שדכן סיכות
- זכוכית במספר גוונים של תכלת, לבן, ירוק, חום, אדום, כתום, צהוב, שחור וכחול
- חרוזים חומים
- חרוז בצורת עין
- מראות

- צדפים
- אבנים קטנות
- צלחת ירוקה
- צבת גלגלים לחיתוך זכוכית
- מכחול
- מספריים
- דבק נגרים או דבק לבן
- רובה בגווני אפור בהיר וכהה
- ציוד לרובה: קערה, מים, מקלון ערבוב, מרית, סמרטוטים, עיתונים וכפפות.

1 מדפיסים את דוגמת התמונה (אפשר להדפיס במדפסת ביתית בחלקים ולחבר או להדפיס בגודל אמתי במכון העתקות). גוזרים רשת וניילון בגודל המתאים. משדכים בעזרת שדכן סיכות את שלושת החלקים בסדר הבא: נייר, מעליו ניילון ולבסוף רשת.

2 ציפורי מים - בוחרים צלחת עם טקסטורה מתאימה, וחותכים בעזרת צבת גלגלים לחלקים קטנים, כדי שיתאימו ליצירת כנף הציפורים. (ראו הסבר על חיתוך צלחות וכוסות).

3 מדביקים את החלקים החתוכים על כנף הציפורים. מוסיפים עין מתאימה לכל אחת.

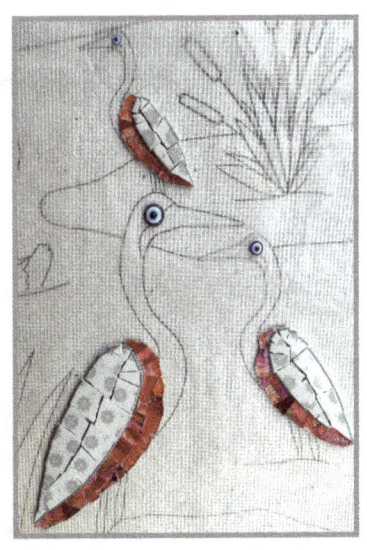

4 חותכים זכוכית אדומה לחתיכות קטנות, ומשלימים את גוף הציפורים.

5 חותכים מראות ויוצרים את צוואר הציפורים. משלימים מקור מזכוכית כתומה ורגליים מזכוכית שחורה.

63

6 חותכים זכוכיות בגווני כתום, כחול וירוק ומדביקים על הברווז לפי הדוגמא. מוסיפים עין ומקור שחתוך משני חלקים של זכוכית כתומה.

7 קני סוף - ליצירת הפרחים חותכים זכוכית צהובה למלבנים צרים. מעגלים את קצוות המלבן בעזרת צבת גלגלים או צבת לחיתוך קרמיקה אשר מוחזקת בכיוון הפוך.

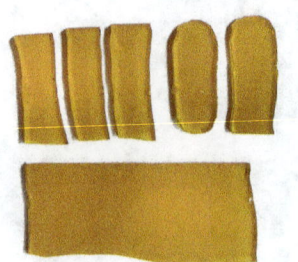

8 חותכים זכוכית ירוקה בשני גוונים לפסים, ומדביקים במקום המתאים ליצירת העלים והגבעולים.

9 אי העשוי מאבני זכוכית קטנות - מורחים דבק בכמות יחסית גדולה על הרשת, מפזרים אבנים ומהדקים.

10 הצמחייה מעל הברווז עשויה מצלחת ירוקה חתוכה לפסים דקים. אפשר ליצור אותה גם מזכוכית ירוקה.

11 מדביקים את הפסים הירוקים בצורה צפופה ככל האפשר.

12 הצמח הגדול - חותכים זכוכית ירוקה למלבנים ארוכים, וכל מלבן לחתיכות קטנות יותר.

13 מדביקים כל עלה בנפרד בצורה צפופה ובקצהו משולש מחודד. מומלץ להשתמש בשני גוונים של ירוק ליצירת הפרדה בין העלים.

14 ההרים - חותכים זכוכית חומה במספר גוונים לחתיכות אקראיות, ומדביקים בכל פס צבע אחר. אפשר להוסיף פס של חרוזים חומים.

15 הרקע עשוי מפסי זכוכית בגווני תכלת ומעט ירוק, החתוכים מריבועי זכוכית באופן המומלץ הבא: מחזיקים את הריבוע בצורה אלכסונית, כשהקצה המחודד כלפי מעלה, חותכים משולש בקצה וממשיכים לחתוך פסי אורך דקים. באופן החיתוך המתואר ייווצרו צורות ארוכות, לפעמים מחודדות בקצה, שאינן תמיד אחידות וזה בסדר - מכיוון שהגלגלים של הצבת לא תמיד חותכים ישר.

16 באותה הצורה חותכים כמה פסים ממלבנים לבנים, ומדביקים גלים, ואחריהם ממלאים את הרקע כולו.

17 בתחתית התמונה, מדביקים חתיכות גדולות של זכוכית שחורה מגוונת.

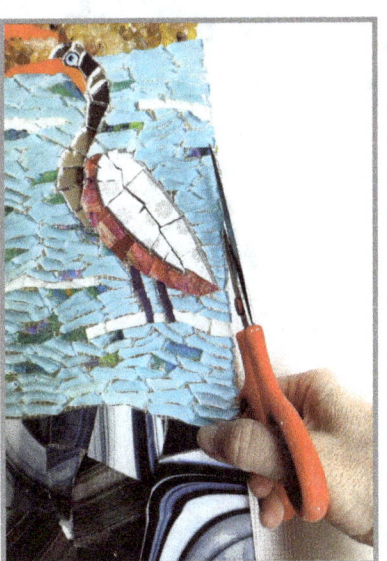

18 ממתינים יום או יומיים לייבוש, מפרידים את הרשת מהניילון וגוזרים צמוד לפסיפס ככל האפשר.

19 בעזרת מרית או שפכטל, מורחים דבק אריחים על הצד האחורי של העבודה. כמות הדבק שמורחים תהיה כזו שתכסה את הרשת, אך לא שכבה דקה מדי.

20 מצמידים את תמונת הפסיפס אל הקיר ומהדקים בחוזקה. אפשר להכות בעדינות בעזרת הידיים או פטיש עץ להצמדה מלאה של החלקים. מוציאים את שאריות הדבק הבולטות בעזרת מברג דק, לפני שהכל מתייבש.

21 ממתינים לייבוש לפחות 24 שעות ומסיימים בעזרת רובה, ישירות על הקיר. על החלקים הכהים רובה אפורה כהה, ועל השאר רובה בהירה. מתחילים מהכהה, מנקים וממתינים מעט לייבוש, ואז ממלאים ברובה הבהירה ומנקים.

22 חשוב! במידה והשתמשתם באבנים קטנות למילוי שטח, לא מומלץ לעשות עליהן רובה, אלא להשאיר כפי שהן - עם הדבק בלבד.

23 אם רוצים להדביק צדפים כפי שאני עשיתי, מדביקים אותם לאחר סיום הרובה, ישירות על הקיר, בעזרת דבק סיליקון חזק.

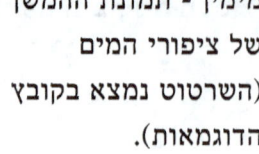

מימין - תמונת ההמשך
של ציפורי המים
(השרטוט נמצא בקובץ
הדוגמאות).

תמונות הציפורים:
יש להגדיל את הדוגמה
בהתאם לגודל הרצוי.

חיתוך ספלים וכוסות בעזרת צבת גלגלים

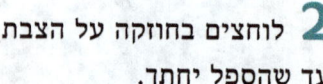

1 אוחזים את הצבת ביד החזקה וביד השנייה תומכים בספל. מקרבים את הצבת אל שולי הספל, כשהגלגלים אוחזים אותו משני הצדדים. הגלגלים יחתכו את הספל.

2 לוחצים בחוזקה על הצבת עד שהספל יחתך.

3 ממשיכים לחתוך בעזרת הצבת את חלקי הספל.

4 מסירים חלקים מיותרים ומקטינים את החלקים עד לגודל הרצוי.

70

חיתוך צלחת בעזרת צבת גלגלים

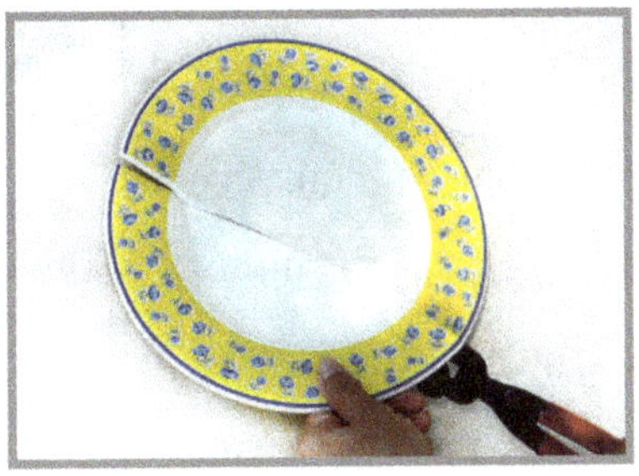

1 אוחזים את הצבת ביד החזקה וביד השנייה אוחזים בצלחת.

2 מקרבים את הצבת אל מרכז הצלחת, כשהגלגלים אוחזים אותה משני הצדדים ומקליקים. הגלגלים יחתכו את הצלחת.

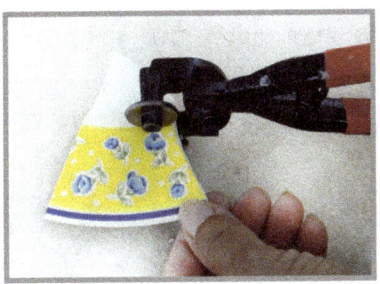 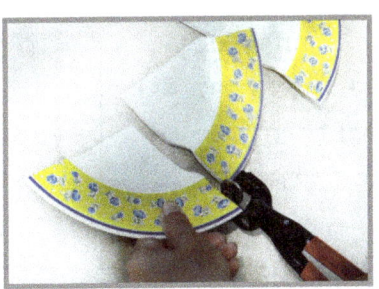

3 ממשיכים לחתוך באותו אופן את הצלחת לרבעים ואחר כך לחלקים קטנים יותר.

4 כשהחלקים קטנים, אפשר להוריד מהם בקלות את המיותר, על ידי חיתוך נוסף.

פרוייקט: ציפור תלת מימדית

הציפור הזו הינה תלת ממדית, כלומר יש לה נפח, ויש חלקים שמודבקים האחד על השני ומצופים מכל הכיוונים בפסיפס זכוכית.

אפשר ליצור אותה מקלקר, אפשר מחומרים אחרים כמו Wedi board, אותם ניתן לקנות בחנויות מתמחות לחומרי בניין. זהו חומר אותו אפשר לחתוך בסכין חיתוך, אבל עמיד לשינויי מזג אויר ואפשר להדביק אותו על קיר מחוץ לבית.

הציפור מצופה בפסיפס זכוכית בגוונים שונים, הוספתי ענף ועלים שגם הם חתוכים מאותו החומר.

השתמשתי כאן בדבק צבוע באפור כהה, כדי שאפשר יהיה גם את הרובה לעשות בצבע זה.

חומרים:

- לוח קלקר עבה (לפחות 2 ס"מ) או וודי בורד
- זכוכית או ריבועי זכוכית בגוונים שונים: כחול, תכלת, אדום, כתום, שחור, לבן, ירוק, חום
- צבת גלגלים לחיתוך זכוכית
- דבק אריחים
- קערה קטנה לדבק
- מקלון עץ או ספטולה למריחת הדבק
- מברג או קיסם לניקוי עודפי הדבק
- סכין חיתוך
- טוש לסימון
- סכין לחיתוך זכוכית
- צבע אקריליק שחור
- שקית זילוף
- רובה בגוון אפור כהה
- ציוד לרובה: קערה, מים, מקלון ערבוב, מרית, סמרטוטים, עיתונים וכפפות.

1 מדפיסים את דוגמת הציפור, גוזרים ומעתיקים אל לוח הקלקר כולל הכנף.

  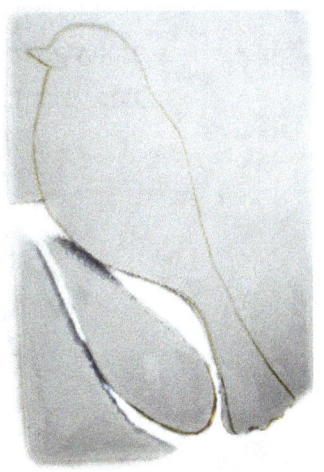

2 חותכים מתוך הלוח את הציפור והכנף בסכין חיתוך. שומרים את החלקים שנשארו ליצירת ענף ועלים.

3 בעזרת סכין החיתוך, "משייפים" את קצוות הכנף כדי לעגל ולהוריד קצוות חדים.

4 מנקים שאריות חומר סביב הכנף והציפור, ומחליקים כמה שאפשר.

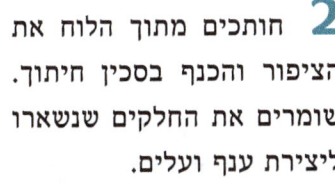 

5 עוטים כפפות על הידיים ומדביקים את כנף הציפור למקומה בעזרת דבק אריחים. ממשיכים ומצפים את הציפור מלפנים ומהצדדים, מחליקים במידת הצורך בעזרת מעט מים.

6 חותכים ריבועי זכוכית בגווני כחול ותכלת לפסים דקים שישמשו ליצירת הכנף.

7 מערבבים בקערה דבק אריחים ומעט צבע אקרילי שחור כדי לקבל גוון אפור.
טיפ: כדאי להכין דבק צבוע בכמות שתספיק עד לסיום העבודה. לשם כך מומלץ להשתמש בשקית זילוף. יש להכין כמות דבק צבוע ולשפוך לתוך השקית, לסגור בעזרת צמדן ולשמור את השקית בקופסה סגורה.

73

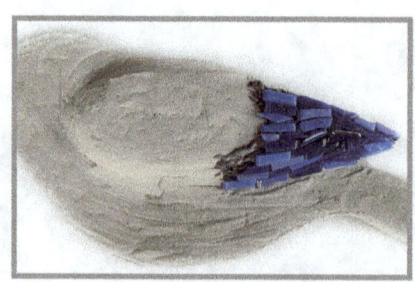

8 כנף הציפור - מדביקים בחלקה הצר של הכנף פסים בגווני כחול כהה.

9 משלימים את הדבקת הכנף ומשלבים גוונים בהירים, כולל השוליים שעיגלנו סביב.

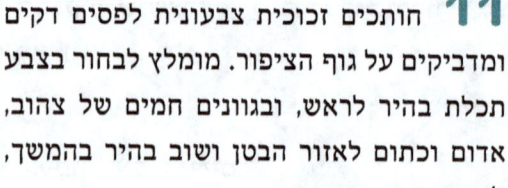

10 מוסיפים עין מעיגול שחור ומקור מזכוכית שחורה.

11 חותכים זכוכית צבעונית לפסים דקים ומדביקים על גוף הציפור. מומלץ לבחור בצבע תכלת בהיר לראש, ובגוונים חמים של צהוב, אדום וכתום לאזור הבטן ושוב בהיר בהמשך, לפני הזנב.

12 זנב הציפור עשוי מפסים של תכלת וצבע כסוף או מראה, להדגשת הפסים ולהוספת נצנוץ.

13 חותכים זכוכית שחורה לפסים (או משתמשים בריבועים מוכנים) ומצפים את הציפור מכל צדדיה.

14 ממתינים יום לייבוש ומכינים רובה אפורה לפי הוראות היצרן. מורחים על הציפור, מנקים ומבריקים.

15 חותכים שתי חתיכות ענף וכמה עלים משאריות הקלקר, מצפים בדבק אריחים באותה שיטה ומדביקים זכוכית ירוקה וחומה. כדאי לחתוך חתיכות שלמות לעלים במידת האפשר.

16 חוזרים גם כאן על תהליך הדבקת הזכוכית השחורה סביב, והשלמה עם רובה אפורה.

17 מדביקים את הציפור על הקיר בעזרת דבק אריחים או דבק סיליקון חזק, ומוסיפים את הענף והעלים למקומם.

דוגמת הציפור:

יש להגדיל את הדוגמה בהתאם לצורך או למשטח.

דוגמאות נוספות של ציפורים

ציפורים המודבקות על עץ חתוך לפי מידה

סמאלטי, זכוכית וחרוזים

זכוכית, ריבועי זכוכית, פימו וחרוזים

זכוכית צבועה, ריבועי זכוכית וחרוזים

צורות מוכנות, מראות וחרוזים

זכוכית, שברי צלחות
וכוסות וחרוזים

תמונות קנבס, המשלבות פסיפס עם צבע אקריליק

חרוזים שונים וצורות מוכנות, מודבקים על קנבס צבוע בשחור

זכוכית, עיגולי זכוכית, זכוכית גרוסה וחרוזים   זכוכית, עיגולי זכוכית וחרוזים

זכוכית וחרוזים, על בסיס תבנית מתכת עם מסגרת עץ

שברי זכוכית וריבועי זכוכית

ריבועי אבן טבעית ושיש צבעוני

זכוכית, שברי כוסות וצלחות וחרוזים

סיכום

בספרי זה, העשירי בסדרת ספרי הפסיפס למתחילים, בחרתי להראות דוגמאות הקשורות לציפורים ופרפרים. מגוון האפשרויות כל כך גדול והטבע סביבנו עשיר ומהווה השראה גדולה ליצירה.

תוכלו להשתמש ברעיונות המוצגים בספר כרצונכם, לערבב חומרים, לגוון צבעים לפי מה שאתם אוהבים, או ליצור משהו חדש על בסיס הדוגמאות שהובאו בספר זה. בספר הוצגו פרויקטים העשויים להתאים להדבקה על קירות חיצוניים וגם כאלה שניתן להציב בתוך הבית. התייחסנו למצעים ובסיסים שונים להדבקת הפסיפס - עציצים, תמונות על לוח עץ, עבודות על רשת, קלקר וגם מִחזור של כלי מטבח.

הספר הציג צורות חיתוך שונות ועמד על ההבדל בין חיתוך זכוכית לקרמיקה. בכל אחד מהם משתמשים בכלי עבודה אחרים וגם טכניקת החיתוך מעט שונה.
הציפורים והפרפרים המוצגים בספר עשויים בטכניקות שונות, חומרים אחרים והמון דוגמאות לשילוב בין חומרים: קרמיקה, זכוכית, מראות, חרוזים, אבנים, צדפים, צלחות וכוסות - כדי להראות שבפסיפס הכל אפשרי!

הפרפרים המצולמים כאן, מודבקים על רשת והם הוכנו בסטודיו שלי על ידי תלמידותי, כחלק מפרוייקט הנצחה ארצי גדול לחללי מלחמת חרבות ברזל, אוקטובר 2023.

חשוב להיות יצירתיים. אפשר להשתמש בחומרים הקיימים בבית או לחפש כאלו שיתאימו במיוחד לעבודה אותה רוצים ליצור. כיום, מגוון החומרים איתם אפשר לעשות פסיפס הוא רב, כדאי לבדוק את השילובים השונים.

הספר הציג מספר דוגמאות ליצירת פרפרים וציפורים, אבל האמת היא שאין סוף לעבודות פסיפס שניתן ליצור. חשוב ללמוד את הבסיס ואז לתת דרור לדמיון, להמציא דוגמאות או לחפש השראה ליצירה בכל מיני מקומות.

אני מקווה שדרך ספר זה, הצלחתי להעביר מעט מאהבתי לעולם הפסיפס. אמצו מהספר רעיונות וצרו את הפרפרים והציפורים אותם אתם אוהבים. אל תהססו לשלב חומרים, לנסות ולראות מה אתם אוהבים ואיזה תחום בפסיפס מושך אתכם ומתאים לכם יותר.

שמרו על רוח יצירתית,

שלכם,
סיגלית עשת

81

ספרי פסיפס נוספים:

לרכישה דרך האתר www.sigalit.art/he

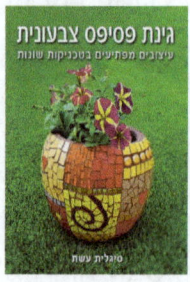
גינת פסיפס צבעונית, עיצובים מפתיעים בטכניקות שונות

חמסות - עיצובי פסיפס מקוריים במגוון טכניקות

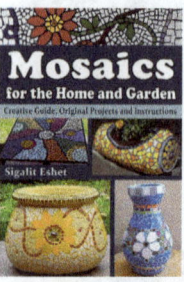
Mosaics for the Home and Garden

The Magic Mesh - Mosaic Mesh Projects

Stained Glass Mosaic

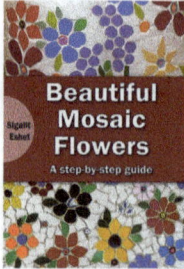
Beautiful Mosaic Flowers

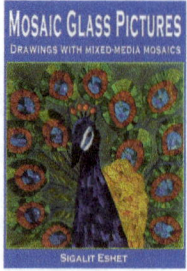
Mosaic Glass Pictures

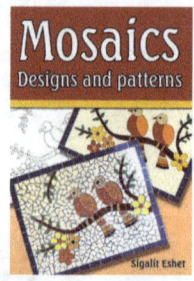
Mosaics - Designs and patterns

Mosaics: Great Ideas and Projects

לקבלת קובץ ה- PDF יש להקליד בדפדפן את הכתובת: **https://bit.ly/3R5VssP** או לסרוק את ה-**QR.**

אם מסיבה כלשהי קיימת בעיה, אפשר לשלוח לי מייל ואעביר את הקובץ:
sigalit@sigalit.art

אפשר ליצור איתי קשר בפייסבוק, דרך המייל, האתר או בטלפון.

www.sigalit.art/he

sigalit@sigalit.art

פייסבוק: פסיפס עושים באהבה

050-9711373